Menschliche Endlichkeit und Kompensation

Menschliche Endlichkeit und Kompensation

Titelgraphik: Dieter Lang
Gesamtherstellung: Fränkischer Tag GmbH & Co. KG, Bamberg
Printed in Germany

ISBN 3-928648-15-2

Inhalt

Vorwort

Über all den welterschütternden Veränderungen, den epochalen Umbrüchen und den inneren Verschiebungen der Systeme ist eine wirklich einschneidende Umwälzung nahezu unbemerkt vor sich gegangen, die aber philosophisch von zentraler Bedeutung ist: eine Umwälzung in der Denkungsart nämlich. „Den großen, in die Augen fallenden Revolutionen muß vorher eine stille, geheime Revolution in dem Geiste des Zeitalters vorausgegangen sein, die nicht jedem Auge sichtbar, am wenigsten für die Zeitgenossen beobachtbar und ebenso schwer mit Worten darzustellen als aufzufassen ist"[1]), schreibt Hegel im Frühsommer 1796 im Zusatz 2 zur Schrift über „Die Positivität der christlichen Religion". In unserem Falle handelt es sich um die mit der „neuen Bürgerlichkeit" einhergehende „Wiederkehr des Individuums", die überhaupt nur auf dem Hintergrund einer Wiederentdeckung der Anthropologie Sinn macht.

Die stille, geheime Revolution hinter dem Zusammenbruch des Dualismus von monistischer Plan- und pluralistischer Marktwirtschaft bestand also in einer Renaissance der Frage nach der ‚condition humaine'. Gewiß, in der einen oder anderen Weise ist diese Frage immer gestellt worden. Und ebenso überzeitlich erscheint – jedenfalls heute wieder – ihre Koppelung mit der Einsicht in die zeitliche Verfassung des Menschen, in seine Endlichkeit. Das immer wieder Neue und Aufregende an diesen ewigen Wahrheiten ist indessen, wie sie sich jeweils – um erneut mit Hegel zu sprechen – aus dem „Bauzeug des Zeitalters" ihre „Gestalt organisieren"[2]).

Zeitlichkeit als Endlichkeit des Menschen nach dem Muster eines beweglichen Gleichgewichts zu denken, eines ‚Fließgewichts', – das macht eine der Signaturen unserer Zeit aus. Die andere besteht darin, den Menschen und sein In-der-Welt-Sein gerade als Störung des Gleichgewichts, als Übersteigen des Gleichgewichts, als Transzendenz und mithin als Freiheit aufzufassen. Beide Signaturen aber gehorchen dem dynamischen Muster der Kompensation. „Menschliche Endlichkeit und Kompensation" wurde mithin zum Haupt- und Leitthema der Bamberger Hegelwochen 1994.

Es darf als ein erneuter Glücksfall gelten, der dem Bamberger philosophischen Leben weitere Sternstunden bescherte, daß der bekannteste Kompensationstheoretiker, der Gießener Philosoph Odo Marquard, der 1985 seinen berühmt gewordenen Vortrag zur Kompensationstheorie der Geisteswissenschaften an der WRK-Jahresversammlung in Bamberg gehalten hatte, als Hauptredner gewonnen werden konnte, und daß – List der Vernunft – der Nestor der deutschen Philosophie, Hans-Georg Gadamer, der 1990 die Bamberger Hegelwochen mit aus der Taufe gehoben hatte, im Rahmen der Hegelwochen 1994 die Ehrendoktorwürde der Otto-Friedrich-Universität Bamberg entgegennehmen konnte.
Dafür bedankte er sich mit einem Vortrag über das Thema „Vom Wort zum Begriff", in dem er die Philosophische Hermeneutik als Denken in Kategorien des Gleichgewichts aufzeigte: „nicht nur vom Wort zum Begriff, sondern ebenso vom Begriff zurück zum Wort".[3])

Odo Marquard behandelte das Kompensationsthema, indem er in einem ersten Vortrag die menschliche Existenz als Endlichkeitskompensation hinsichtlich Machtmangel, Raummangel und Zeitmangel exponierte. Der zweite Vortrag, dem selben Thema gewidmet, befaßte sich mit der Kritik, die an seiner Kompensationstheorie bezüglich der Geisteswissenschaften geäußert worden war, und führte diese zu einer anthropologisch fundierten Kompensationstheorie der Philosophie: sie sei die Kunst der Kompensation ihrer eigenen Konsensdefizite zum Zwecke der Interdisziplinaritätspflege.

Den Schlußpunkt bildete ein Podiumsgespräch, in dem dem Transzendentalphilosophen Hans Michael Baumgartner aus Bonn die Rolle zufiel, den unverminderten Anspruch der Vernunft einzuklagen, während ich selbst auf der Transzendenz des asymmetrischen Zustands ‚fern vom Gleichgewicht' insistierte, durch den Freiheit und Innovation erst möglich wird. Wenn überhaupt ein Podiumsgespräch den Beweis erbringen kann, daß nicht unbedingt Streitgespräche erforderlich sind, um Dissense zum Ausdruck zu bringen, dann war es dieser Diskurs unter Freunden, die sich verstehen. Um es in die Worte Hans-Georg Gadamers zu kleiden: „Verstehen heißt, ich kann wägen und erwägen, was der andere denkt. Er könnte Recht haben mit dem, was er sagt und eigentlich denkt".[4])

Die Bamberger Hegelwochen 1994 gaben erneut Anlaß, für das wiederentdeckte neue bürgerliche Denken zu danken. Allen voran Odo Marquard und Hans Georg Gadamer, sodann Hans Michael Baumgartner. Schließlich Bernhard Wagner und Hermann Liebel, allen Kolleginnen und Kollegen sowie allen Teilnehmerinnen und Teilnehmern der Bamberger Hegelwochen 1994. Last, but by no means least den Mitarbeiterinnen und Mitarbeitern an meinem Bamberger Lehrstuhl: Antje Gimmler, Heinrich Horstmann, Rita Plüisch, Konstantin Pollok, Antje Röhrich und Ingeborg Uchtdorf. Besondere Erwähnung verdient erneut Stefan Wolf, der – leider zum letzten Mal – die Veranstaltungen und die Publikation betreute.

Zwischen Bamberg, Braunschweig,
Erlangen-Nürnberg und Zürich

Walther Ch. Zimmerli
im Februar 1995

[1]) Hegel, G. W. F., Die Positivität der christlichen Religion. Zusatz 2 (1796), Werke 1, Frankfurt a. M. 1971, 203.

[2]) Hegel, G. W. F., Differenz des Fichte'schen und Schelling'schen Systems der Philosophie (1801), Werke 2, Frankfurt a. M. 1970, 19.

[3]) S. u. S. 111.

[4]) S. u. S. 121.

Bernhard Wagner

Zur Eröffnung der Bamberger Hegelwochen 1994

Meine sehr verehrten Damen,
meine Herren,

heute beginnen die 5. Bamberger Hegelwochen, und gleichzeitig ist es das erste Mal, daß sie im neuen Hegelsaal der „Sinfonie an der Regnitz“ stattfinden, gleichsam der feierliche Nachvollzug der Namensgebung dieses Raumes.

Für die drei Veranstalter darf ich Sie dieses Mal alle herzlich willkommen heißen und gleichzeitig um Nachsicht bitten, daß ich nicht jede Persönlichkeit hier im Saale für sich und namentlich begrüßen kann, denn der mir gesetzte zeitliche Rahmen ist begrenzt und würde dazu nicht ausreichen.

Ihnen allen, die Sie sich durch Ihre Anwesenheit als Freunde der Philosophie, als Freunde der Liebe zur Weisheit, zu erkennen geben, gilt also gemeinsam der besonders herzliche Gruß.

Gestatten Sie mir jedoch bitte drei Ausnahmen!
- Zuerst: Mit einem Sondergruß an die Stadt als Hausherrn unserer Tagungsstätte und an die Universität als zweiten Mitträger der Hegelwochen möchte ich gleichzeitig den Dank an diese beiden Mitveranstalter abstatten, deren Spitzenrepräsentanten bei uns sind: Grüß Gott, Herr Oberbürgermeister Lauer, und herzlich willkommen, Magnifizenz, Herr Professor Hierold!
- Dann: Was wären die Bamberger Hegelwochen ohne deren Spiritus rector? Ein zweiter besonderer Gruß gilt deshalb Ihnen, Herr Professor Zimmerli, und gleichzeitig dürfen wir uns auch dafür bedanken, daß Sie anschließend in das Thema der 5. Hegelwochen einführen sowie am Montag bei der Podiumsdiskussion mitwirken werden.
- Und schließlich: Nicht allein das Protokoll gebietet es, sondern zuvorderst der Respekt vor der Person und dem hohen Ansehen, das unser Festreferent und Gast in der wissenschaftlichen

Welt – und bei uns – genießt, ihn namentlich hervorzuheben: Wir sind sehr dankbar, daß Sie die Einladung zu den Bamberger Hegelwochen angenommen haben, freuen uns über Ihr Kommen und begrüßen Sie, Herr Professor Marquard, besonders herzlich!
Besser als Worte allein könnten, zeigt Ihnen der große Beifall an, wie willkommen Sie hier sind.

Herr Professor Marquard hat in einem Vortrag mit dem Titel „Hält die Literatur mit der Wirklichkeit Schritt?", der am 3. Juni dieses Jahres im „Rheinischen Merkur" gekürzt abgedruckt wurde, über drei Möglichkeiten der Kompensation menschlicher Lebenszeit philosophiert:

a) durch Schnelligkeit, also durch das Kompensationsmittel der Lebensbeschleunigung,
b) durch Langsamkeit, also durch das Kompensationsmittel der Änderungssparsamkeit und Lebensbescheidenheit und
c) durch die Gemeinsamkeit und Gemeinschaft, also durch das Kompensationsmittel der mitmenschlichen Multitemporalität.

Wenn ich diese Gedanken vom hohen Olymp etwas herunterhole auf die Agora unserer Stadt, hieße dies nun bezogen auf die Bamberger Hegelwochen:
Ein Hegelwochenbesucher, der die Veranstaltung

a) schnell kompensieren möchte, liest während der Vorträge noch die Publikationen der vergangenen Jahre, um seine Anwesenheitszeit effektiv zu nutzen. Derjenige Besucher, der
b) langsam kompensieren möchte, lauscht andächtig den Worten des großen Redners und verweilt – änderungssparsam – im Saale, wohlwissend, daß es morgen hier an gleicher Stelle weitergeht. Bleibt letztlich derjenige, der
c) durch Gemeinschaft kompensiert. Er ist diese Art von Zuhörer, die sich erst auf dem Bierkeller zur Hegelwochenbesucherzahl gesellt und sich von anderen erzählen läßt, wie es denn gewesen ist.

Nun kommt der Lösungsvorschlag, wie sollte es anders sein, von Herrn Marquard selbst. Man braucht Langsamkeit, um Schnelligkeit zu kompensieren. Man benötigt aber auch Schnelligkeit, um das Langsame dann wieder genießen zu können. Und man ist von den Mitmenschen abhängig, weil unsere Lebenszeit einfach zu knapp bemessen ist, um alles selbst einmal mitgemacht zu haben. In bezug auf die Hegelwochen kann dies wiederum nur heißen: Natürlich soll man sich die Bücher kaufen, um sie in Ruhe zu Hause zu studieren (als Geschäftsführender Herausgeber des Verlages, der sie publiziert, sei mir diese Eigenwerbung hier einmal erlaubt). Weiterhin soll man natürlich den Vorträgen lauschen und auch morgen wiederkommen. Und natürlich soll man hinterher den hiesigen Lokalitäten einen Besuch abstatten und mit anderen über das Gehörte sprechen. All dies gehört zu den Hegelwochen – jedes zu seiner Zeit.

Ich hoffe, mit dieser Lesart nicht nur Herrn Marquard verstanden und konkret auf die Wirklichkeit bezogen zu haben, sondern auch Ihre Motivation, liebe Zuhörer, hier zu sein, wiederzugeben.

In diesem Sinn begrüße ich Sie heute abend noch einmal sehr herzlich und würde mich freuen, Sie auch morgen und am Montag wiederzusehen.

Walther Ch. Zimmerli

Neue Bürgerlichkeit und die Wiederkehr des Individuums

Einführung

Sehr verehrte Damen, sehr geehrte Herren, sehr geehrte Frau Marquard, lieber Herr Marquard!

Andere Städte brauchen länger: Erst zum fünften Male eröffne ich heute Bamberger Hegelwochen, und schon kann ich es in einem Saal tun, der in gewissem Sinne der Saal der Hegelwochen ist.

„Ich habe dich bei deinem Namen gerufen, du bist mein!", diese auch den Sprachphilosophen faszinierende tiefe Formulierung von Jes. 43,1 darf zwar vermutlich nicht im formaljuristischen Sinne ausgedeutet werden, trotzdem aber gilt: Wir haben diesem Saal den Namen gegeben, nun fühlen wir uns in ihm daheim, als ob er uns gehörte. Mit Schreiben vom 11. Oktober 1993 habe ich nämlich, zugleich sowohl im Namen des Rektors unserer Universität, Herrn Prof. Dr. Alfred Hierold, als auch im Namen des Mitveranstalters und geschäftsführenden Herausgebers des Fränkischen Tags, Herrn Bernhard Wagner, dem damaligen Oberbürgermeister der Stadt Bamberg, Herrn Paul Röhner, vorgeschlagen, „den kleineren Saal in der neuen Konzert- und Kongreßhalle ‚Sinfonie an der Regnitz' nach dem einzigen Philosophen von Weltrang zu benennen, der bisher hier in Bamberg gewirkt hat, nach Georg Wilhelm Friedrich Hegel". Ich will diese Gelegenheit nun nicht verstreichen lassen, ohne öffentlich dem Rat der Stadt dafür gedankt zu haben, daß er diesem Vorschlag gefolgt ist.

Es ist ein Vergnügen, in einer Stadt zu lehren, die nicht nur philosophiefreundlich ist, sondern dies auch mit öffentlich sichtbaren Zeichen zu verstehen gibt! Schon wieder sind wir dem von mir vor vier Jahren ausgegebenen Ziel eines „Princeton an der Regnitz" einen Schritt nähergekommen. Ein nächster großer Schritt wäre getan, wenn – und einstweilen spreche ich noch in einer Mischung aus Irrealis und Optativ – in nicht allzu ferner Zukunft ein fränkisches kulturwissenschaftliches Zentrum seine Arbeit im Wasserschloß Concordia aufnehmen würde . . .

Die leitende und, wie sich erwiesen hat, zündende Idee der Bamberger Hegelwochen bestand darin, den Versuch zu wagen, akademische Philosophie und interessierte gebildete Öffentlichkeit einmal im Jahr sichtbar miteinander ins Gespräch zu bringen. Die vergangenen Jahre haben gezeigt, daß diese Rechnung aufgegangen ist. Die nach den ersten Bamberger Hegelwochen gegründete Fränkische Gesellschaft für Philosophie sowie viele inner- und außeruniversitäre philosophische Gesprächskreise haben dafür gesorgt, daß die Bamberger Hegelwochen sich schon 1992 zu dem Bamberger Philosophischen Sommer weiterentwickelt haben, der seinerseits nun – mit Ausnahme natürlich des in Bayern geheiligten Ferienmonats August – das ganze Jahr durch dauert. „Philosophie als Bürgersache" war dabei 1990 das etwas aufklärerisch klingende Motto, dem 1991 die programmatisch reflexive Formel von der „neuen Bürgerlichkeit der Philosophie" folgte. Nach diesen Jahren der ersten Selbstverständigung fokussierte sich das Interesse der Bamberger Hegelwochen auf einen Zusammenhang, der sich unter die Leitvorstellung vom „Menschen als Weltbürger der Natur" stellen ließ. Im letzten Jahr schließlich richtete sich die geistige Anstrengung auf „Glanz und Elend des Erdenbürgers Mensch".

Daß die Bamberger Hegelwochen sich im Ausgang von der Philosophie als Bürgersache langsam der nach Kant zentralen philosophischen Frage nach dem Menschen nähern, ist wohl kein Zufall. Und so verwundert es auch nicht, daß wir uns dieses Jahr vollständig auf eine Frage konzentrieren, die unsere Conditio humana ausmacht: auf die Endlichkeit und die ihr entspringende Notwendigkeit, mit ihr fertig zu werden, etwa durch Kompensation. Gewiß, es handelt sich bei der Endlichkeit zunächst um einen scheinbar abstrakten Begriff; aber der Namenspatron unserer Bamberger philosophischen Bemühungen, Georg Wilhelm Friedrich Hegel, hat uns bekanntlich in der einzigen – kurzen – philosophischen Schrift, die er hier in Bamberg verfaßte, ein Warnzeichen aufgestellt, nicht allzu schnell mit dem Abstraktionsvorwurf zur Hand zu sein. „Wer denkt abstrakt?“ hatte er gefragt, und der „Fränkische Tag“ hatte 1990 als Antwort auf diese Frage meine eigenen Variationen zu diesem Thema unter dem Titel zusammengefaßt „Konkret denkt allein der Philosoph“.

Bei Hegel finden sich denn auch – und es ist guter Brauch, daß ich meine Einführungsworte mit einigen Hegel-Zitaten schmücke – Bemerkungen zum auf den ersten Blick abstrakt-begrifflichen Umfeld der Endlichkeit, die die Herkunft dieses Begriffs aus der menschlichen Lebenswelt deutlich aufscheinen lassen. Zwar nicht mehr in Bamberg, aber immerhin doch noch in Franken, nämlich in Nürnberg, schrieb Hegel seine „Wissenschaft der Logik“, nachdem er – verständlicherweise vergeblich – versucht hatte, sie seinen Schülern auf mündlichem Wege beizubringen. Und dort liest man über das Endliche: „Das Endliche verändert sich nicht nur, wie Etwas überhaupt, sondern es *vergeht*, und es ist nicht bloß möglich, daß es vergeht, so daß es sein könnte, ohne zu vergehen. Sondern das Sein der endlichen Dinge als solches ist, den Keim des Vergehens als ihr Insichsein zu haben; die Stunde ihrer Geburt ist die Stunde ihres Todes.“[1]) Auch noch die logische Begrifflichkeit also ist, wenn sie sich mit Endlichkeit befaßt, auf jenes Beziehungsfeld angewiesen, aus dem unsere Endlichkeitserfahrungen einzig stammen: auf den Zusammenhang von Geburt und Tod. Mit diesem wesentlichen Zusammenhang bekommen wir es heuer nun erneut zu tun, nachdem wir uns in den vergangenen Jahren mit den welthistorischen Ereignissen des zusammenbrechenden Sozialismus und den damit einhergehenden Folgeerscheinungen bis hin zum Wiedererwachen von Nationalismus und Fundamentalismus beschäftigt hatten. Sich auf die Conditio humana im Kontext der sich wieder neu formierenden bürgerlichen Gesellschaft zu beziehen, setzt – mit all den möglichen positiven und negativen Konnotationen – voraus, daß das Individuum wieder in sein gedanklich angestammtes Recht zurückversetzt worden ist. Ich stelle daher die Bamberger Hegelwochen 1994 unter die Sinnformel „Neue Bürgerlichkeit und die Wiederkehr des Individuums“.

Das Geheimnis menschlicher Individualität liegt nicht zuletzt darin, daß wir sie nicht anders denken können denn als absolute Einmaligkeit, die aber wirklich zu denken uns nie möglich ist. „Individuum est ineffabile“ – nicht nur undenkbar, sondern sogar unaussprechbar sei das Individuum – auf diese Formel brachte das Mittelalter das damit verknüpfte Problem. Und Hegel – erneut er – machte deutlich, daß dies etwas mit der, wie er meinte, „göttlichen Natur" unserer Sprache zu tun habe, die darin bestehe, das Gemeinte unmittelbar in sein Gegenteil zu verkehren. Im Individuellen das Allgemeine, in der radikal einzelnen Endlichkeit die Präsenz des Geistes zu erfahren – das ist die Lehre, die man mit Hegel hieraus ziehen kann.

In seiner nun nicht mehr in Franken, sondern in Heidelberg geschriebenen „Enzyklopädie der philosophischen Wissenschaften" findet sich im posthum eingefügten Zusatz zum Paragraphen 441 der Philosophie des Geistes die Erklärung: „Die Endlichkeit des Geistes darf aber nicht für etwas *absolut Festes* gehalten, sondern muß als eine Weise der Erscheinung des nichtsdestoweniger seinem Wesen nach unendlichen Geistes erkannt werden. Darin liegt, daß der *endliche* Geist unmittelbar ein Widerspruch, ein Unwahres und zugleich der Prozeß ist, diese Unwahrheit aufzuheben. Dies Ringen mit dem Endlichen, das Überwinden der Schranke, macht das Gepräge des Göttlichen im menschlichen Geiste aus und bildet eine notwendige Stufe des ewigen Geistes."[2])

Sie werden zugeben: Wenn Sie nur dies wüßten, wüßten Sie immer noch nichts über die Endlichkeit und erst recht nichts über ihre Kompensation. Damit das nicht so bleibt, ist der Hauptredner der diesjährigen Hegelwochen, Odo Marquard, zu uns gekommen. Wenn man noch einen weiteren Beleg dafür brauchte, daß die Bamberger Hegelwochen ein das ganze Jahr währendes philosophisches Geschehen sind, braucht man nur die Seite 112 der heute der Öffentlichkeit übergebenen Publikation über die letztjährigen Bamberger Hegelwochen aufzuschlagen und dort meine zwei letzten Sätze zu lesen: „Es war ein großes Glück, daß wir Odo Marquard (. . .) gewinnen konnten. Meine Damen und Herren, Sie sehen, diese Diskussion ist zu Ende, das philosophische Gespräch in Bamberg geht weiter."[3]) Er war der letzte Redner der letztjährigen Anschlußveranstaltung zu den Bamberger Hegelwochen; er ist der erste Redner der Bamberger Hegelwochen in diesem Jahr.

Marquard dem *akademischen* Publikum in Bamberg vorzustellen, hieße wörtlich Eulen nach Athen tragen, hat der international renommierte Rhetor und mit dem Sigmund-Freud-Preis für wissenschaftliche Prosa geadelte Essayist doch hier in Bamberg einen seiner am stärksten beachteten Vorträge gehalten, und zwar zur Rolle der Geisteswissenschaften in der modernen Gesellschaft. Es ist kein Zufall, daß auch damals der Gedanke der Kompensation im Zentrum seiner Überlegungen stand. Dem *außerakademischen* und philosophieinteressierten Bamberger Publikum Marquard vorzustellen, ist aus einem anderen Grunde überflüssig: Er hat dies, wie bereits erwähnt, schon im letzten Jahr dadurch selbst getan, daß er, für den erkrankten Jean Baudrillard einspringend, den brillanten Schlußvortrag am ersten Bamberger Philosophischen Meisterkurs „The Resurgence of Time" hielt. Und für die, die ihn weder aus diesen beiden Vorträgen noch aus den Ankündigungen in der Presse noch aus seinen Schriften noch sonst kennen – falls es solche Zuhörerinnen oder Zuhörer unter uns gibt –, läßt sich die Vorstellung extrem abkürzen: Die bisherigen Redner an den Bamberger Hegelwochen waren Hans-Georg Gadamer, Hans Jonas, Hermann Lübbe, Carl-Friedrich von Weizsäcker und Robert Spaemann. Odo Marquard – das ist die konsequente Fortsetzung dieses „Who is who in philosophy and intellectual history".

Noch ein kurzer Blick auf das Programm: Odo Marquard hat es uns leichtgemacht, indem er seine beiden Abendvorträge heute und morgen sowie die Podiumsdiskussion am Montag abend dem Thema „Menschliche Endlichkeit und Kompensation" widmen wird. Nun ist, wie das „philosophische Stammpublikum" weiß, der Stil der Bamberger Hegelwochen durch Festlichkeit und Gespräch geprägt. Ein Gespräch im Rahmen der festlichen Abendvorträge ist allerdings schlechterdings unmöglich. Daher freuen wir uns, den Gesprächsinteressenten unter Ihnen auch dieses Jahr wieder die Möglichkeit anbieten zu können, im Rahmen eines Tages der offenen Tür an einer Seminarveranstaltung mit dem Hegelwochen-Redner diskutieren zu können. Diese Veranstaltung mit Odo Marquard findet morgen von 9 Uhr c.t. bis 11 Uhr im Hörsaal 2 des Gebäudes U 2, d. h. der Theologischen Fakultät, statt.

Und nun bleibt mir nur noch eins: Ihnen allen einen gedankenreichen und, was bei diesem Redner unmittelbar dazugehört, zugleich unterhaltsamen Abend zu wünschen, sowie – was das Wichtigste ist – Ihnen, lieber Herr Marquard, das Wort zu erteilen.

[1]) Hegel, G. W. F., Wissenschaft der Logik I (1812), Werke 5, Frankfurt a. M. 1969, 139 f.

[2]) Hegel, G. W. F., Enzyklopädie der philosophischen Wissenschaften III (1817, Zusatz nach der Ausgabe der Freunde 1840), Werke 10, Frankfurt a. M. 1970, 233.

[3]) Spaemann, R., Welsch, W., Zimmerli, W. Ch., Zweckmäßigkeit und menschliches Glück. Bamberger Hegelwochen 1993, Bamberg 1994, 112.

Odo Marquard

Menschliche Endlichkeit und Kompensation I

Herr Oberbürgermeister, Magnifizenz, sehr verehrter Herr Wagner, lieber Herr Zimmerli, sehr verehrte weitere offizielle Respektspersonen, meine sehr verehrten Damen, werte Herren!

Ich bedanke mich dafür, eingeladen zu sein zu den 5. Bamberger Hegelwochen. Ich danke den Begrüßern und Einführern für die Begrüßung und Einführung und dafür, daß sie mir durch die Begrüßung und Einführung schon etliches von dem, was ich sagen wollte, vorweggenommen haben. Entschuldigung, mir fällt nicht so sehr viel Neues ein! Ich bin da etwas langsam. Zweite Bemerkung dazu: ich werde das, was ich mir vorgenommen hatte zu sagen, trotzdem sagen! Auch und gerade wenn es sich bestätigen wird, daß Herr Wagner mich richtig interpretiert hat, und auch und gerade wenn Herr Zimmerli daran erinnert hat – mir wird das schreckhaft klar – daß Hegel ausgerechnet in der Schrift, die die Ritter-Schule nicht so sehr gern hat und um deretwillen sie die klassischen Philologen immer beneidet hat, daß die über die Möglichkeit verfügen, ungenehme Werke als unecht zu erklären, so viel über Endlichkeit gesagt hat. Die Hegelsche Logik als unecht, das würde mir passen, aber die Stellen, die Sie daraus zitiert haben, die müßte man dann aus irgendeinem Grunde wieder für echt erklären.

So, meine Damen und Herren. Menschen sind die, die etwas statt dessen tun müssen, tun können und tun. Anders gesagt: Die Menschen kompensieren, was mit ihrer Endlichkeit zusammenhängt, auch mit der Freiheitsseite ihrer Endlichkeit.

Die beiden Vorträge, die ich hier in diesem Jahr bei den 5. Bamberger Hegelwochen zum Thema „Menschliche Endlichkeit und Kompensation“ halte, sind selber ein Beispiel für diesen Befund. Denn eigentlich sollte ich ja erst 1996 reden. Nun aber hat Günther Patzig seine Hegelwochenvorträge, die für dieses Jahr geplant waren, aus gesundheitlichen Gründen verschieben müssen. Statt dessen rede jetzt ich. Denn, und ich wiederhole, das ist ein Strukturexempel, Menschen sind die, die etwas statt dessen tun müssen, tun können und tun, zum Beispiel indem einer dieser Menschen statt eines anderen redet und, für ihn einspringend, zwei Vorträge, statt sie, dann sicherlich besser, später zu halten, schon etwas weniger gut – meine Frau sagte mir, man braucht ja gewisse Zeiten, um Dinge auszutragen, und wenn es früher kommt, dann ist das manchmal etwas schwierig – statt eines anderen redet und für ihn einspringt und zwei Vorträge, statt sie später zu halten, schon ein Jahr früher hält. Auch er tut so das, was alle Menschen tun müssen, tun können und tun; er tut etwas statt dessen, d.h. er kompensiert.

Schon deswegen, meine Damen und Herren, lag es für mich nahe, für diese rhetorische Ersatzvornahme in Verbindung mit dem Thema der menschlichen Endlichkeit hier heute und morgen das Thema Kompensation zu wählen. Hinzu kam das, was nun auch schon erwähnt worden ist in den Vorreden: Vor neun Jahren, es war genau am 5. Mai 1985, habe ich hier in Bamberg im Domizil der Bamberger Symphoniker, das war damals noch nicht die Konzert- und Kongreßhalle Sinfonie an der Regnitz, sondern der Dominikanerbau, vor der Jahresversammlung der Westdeutschen Rektorenkonferenz, wie sie damals hieß, jene Rede über die Unvermeidlichkeit der Geisteswissenschaften gehalten, die später zuweilen die ‚Bamberger Botschaft' genannt worden ist und in der ich die sogenannte Kompensationstheorie der Geisteswissenschaften skizziert habe. Auch diese Rede habe ich damals (meine – wenn ich das so sagen darf – Bamberger Tradition des Einspringens beginnend) früher gehalten, als ich eigentlich sollte. Nämlich, Herr Oppolzer wird sich an die Situation erinnern, nicht erst am 6. Mai, sondern schon am 5. Mai 1985. Das kam dadurch, daß damals das einzige Mal in meinem Leben so unmittelbar die große Politik in diesen Vortragstermin hineingespielt hat. Ronald Reagan besuchte im Mai 1985 die Bundesrepublik, und weil Sonntag, der 5. Mai, sein Ruhetag sein sollte, hatte der Bundespräsident Richard von Weizsäcker zusagen können, an diesem 5. Mai 1985 den festlichen Eröffnungsvortrag der Jahresversammlung der Westdeutschen Rektorenkonferenz in Bamberg zu halten. Doch dann kamen die Bitburger Irritationen, die ein früheres Ende des Reagan-Besuchs zur Folge hatten; dadurch wiederum wurde der 5. Mai aus einem Ruhetag zum Tag, an dem der deutsche Bundespräsident den amerikanischen Präsidenten offiziell zu empfangen hatte, darum mußte er dann seinen Eröffnungsvortrag der Westdeutschen Rektorenkonferenz kurzfristig absagen. Ich erinnere mich noch recht gut an den Anruf des damaligen WRK-Präsidenten Theo Berchem bei mir mit der Bitte, hier einzuspringen und in Bamberg meinen Geisteswissenschaftenvortrag statt als Normalvortrag am Montag, dem 6. Mai, schon als Eröffnungsvortrag am Sonntag, dem 5. Mai 1985, zu halten, was ich zusagte. (Lieber Herr Zimmerli, darum trafen dann Ihre späteren Anrufe bei mir mit Einspringensbitten in bezug auf Bamberg auf ein schon vorgeübtes Zusageverhalten.) So also kam es dazu, daß mit der Folge entsprechender öffentlicher Resonanz meiner kompensationstheoretischen Werberede für die Geisteswissenschaften damals hier in Bamberg statt Richard von Weizsäckers kompensatorisch vielmehr ich sprach, denn ich wiederhole es noch einmal: Die Menschen sind als wesensmäßige Einspringer die, die etwas statt dessen tun müssen, tun können und tun. Oder anders gesagt: Die Menschen kompensieren, was mit ihrer Endlichkeit zusammenhängt, auch mit der Freiheitsseite ihrer Endlichkeit.

Darüber also will ich hier heute und morgen zwei Überlegungen anstellen. Es ziemt sich, das bei den Hegelwochen in der Hegelstadt Bamberg in einem Hegelsaal halbwegs systematisch und ordentlich und insofern gegliedert zu tun, in der hiesigen Konzerthalle aber doch wohl besser gegliedert wie ein Konzert, so daß jeder meiner beiden Vorträge nach der jeweiligen Introduktion je drei Sätze haben wird, und heute sind das die folgenden: 1. Endlichkeit, 2. Zukunft und Herkunft, 3. Kompensation. Ich beginne meine heutige Überlegung nach altem Brauch mit Abschnitt

I. Endlichkeit

Die Philosophie in ihren dominierenden Traditionen neigt dazu, das Absolute zu suchen und eine absolute Position, von der aus sie das Absolute finden kann. Das ist mit Gott als absolutem Ziel metaphysisch geschehen, es ist mit dem transzendentalen Subjekt als absolutem Regulativ transzendentalphilosophisch geschehen, und es ist mit der absolut heilen Geschichtsvollendung als absolutem Ziel geschichtsphilosophisch geschehen. Die Ansätze dieser philosophischen Traditionen stehen, ohne daß sie ihr notwendigerweise erliegen müssen, in der Gefahr, den Menschen selber in eine absolute Position zu rücken und so den Menschen selber irgendwie zum Absoluten zu machen und dabei seine Endlichkeit zu vergessen oder gar zu unterdrücken. Aber der Mensch ist nicht das Absolute. Er ist weder Gott noch das Äquivalent Gottes, sondern der Mensch ist endlich. Wer das vergißt, vergißt den Menschen und treibt ihn in illusionäre Übererwartungen, auch in bezug auf sich selber, und als Konsequenz in extreme Enttäuschungen und insgesamt in das Versäumnis oder das Verbot seiner Endlichkeit. Darum ist es philosophisch wichtig, an die menschliche Endlichkeit zu erinnern und daran, daß sie keine mißlungene Absolutheit ist, sondern menschliche Normalität. Deshalb ist immer wieder und gerade in unserer Zeit zur Ernüchterung von Illusionen eine Philosophie fällig, die – ob man sie nun Endlichkeitsphilosophie nennt oder ob man sie Skepsis nennt, wie ich das gerne tue, oder anders – den Menschen in seiner Endlichkeit, seiner Menschlichkeit, auch seiner Allzumenschlichkeit respektiert: eine Philosophie der menschlichen Endlichkeit.

Aber was ist Endlichkeit? Wenn ich jetzt nicht Hegelinterpretation mache, dann bin ich gerechtfertigt schon dadurch, daß Herr Zimmerli mir diese Aufgabe abgenommen hat freundlicherweise. Was ist Endlichkeit? Eine Philosophie der Endlichkeit stößt, meine ich, durchweg auf die Verfassung der Begrenztheit und das Phänomen der Grenze. In Göttingen hat dann der Nachfolger von Nicolai Hartmann, Helmuth Plessner, ja diesem Phänomen die besondere Aufmerksamkeit zugewendet und sich Gedanken darüber gemacht, beim insgesamt Seienden, daß man unterscheiden muß zwischen dem, das seine Grenze „hat“, wie ein Stein eine Grenze hat durch das Insgesamt seiner Bruchstellen, und dem Lebendigen, das seine Grenze „ist“. Also eine Philosophie der Endlichkeit wird auf dieses Phänomen der Grenze stoßen und wird darum, ob das ausreicht ist dann eine andere Frage, tunlicherweise ihren Endlichkeitsbegriff an Formen des Grenzverständnisses orientieren, und dabei gibt es mehrere Formen. Ich möchte hier ohne jede Vollständigkeitsprätention auf drei Möglichkeiten hinweisen, Grenzen zu verstehen: im Blick auf die Macht, im Blick auf den Raum, im Blick auf die Zeit. Entsprechend gibt es mindestens drei Endlichkeitsbegriffe. Der Sinn dieser Überlegung ist nicht, sozusagen eine vollständige Endlichkeitsbegriffsliste vorzulegen, sondern drei verschiedene Endlichkeitsbegriffe, die an sich kompatibel sein mögen, wechselseitig zu kontrastieren, zumindest in der Form, daß man sie sozusagen gegeneinanderhält und plötzlich dadurch Konturen erkennt. Endlichkeit kann philosophisch bestimmt werden:

a) in bezug auf die Macht durch Begrenzung. Also Endlichkeit wird bestimmt in bezug auf die Machtgrenze und dabei auf Gott. Das Grenzverständnis ist dann religiös bzw. theologisch orientiert. Die maßgebliche Grenze ist die Machtgrenze im extremen Fall zwischen Allmacht und Ohnmacht. Endlich ist das mit Machtgrenzen, das schlechthin Abhängige, das, was nicht Gott, was aus sich selber nichts, und darum nur durch Gott ist, das Geschaffene. Das ist in der Philosophie der Endlichkeitsbegriff der metaphysischen Tradition. Endlichkeit ist Kreatürlichkeit. Endlichkeit kann dann philosophisch und quasi theologiefrei, aber ich sage mal quasi theologiefrei, bestimmt werden:

b) in bezug auf den Raum. Das Grenzverständnis ist dann spatial orientiert, die maßgebliche Grenze ist die Raumgrenze. Endlich ist das, was nicht überall, sondern räumlich begrenzt ist. Mit diesem Endlichkeitsbegriff, der räumlich pointiert, was metaphysisch im transzendentalen aliud, das ja heißt ‚ein anderes gegenüber dem anderen', angelegt war, mit diesem Endlichkeitsbegriff operiert sozusagen nach-metaphysisch insbesondere die philosophische Anthropologie unseres Jahrhunderts und dort, ich hatte ihn schon erwähnt, Helmuth Plessner. Diese Endlichkeitsdefinition maßgeblich durch die Raumgrenze und durch Variationen dieser Vorstellung der Raumgrenze lebt gegenwärtig fort, wenn ich das richtig verstehe, in der systemtheoretischen Fundamentalisierung der System-Umwelt-Differenz, so bei Niklas Luhmann, beim frühen Luhmann will ich lieber sagen. Sie ist fruchtbar, nicht zuletzt für Analysen der Reaktion des Begrenzten auf ihm zustoßende Grenzgefährdungen. Als derartige Grenzreaktionen, der Begriff stammt von Plessner, können begriffen werden beim Lebendigen Haut und Umwelt (Jakob von Uexküll), das Immunsystem (Thomas Sebeok), beim Menschen die Angst (Thure von Uexküll), Lachen und Weinen (Helmuth Plessner), literarische Texte als Verarbeitung einer Ereignis genannten Grenzverletzung (Jurij Lotmann), die Kontingenzerfahrungskultur der Geschichte (Hermann Lübbe), die Kontingenzbewältigungspraxis der Religion (Niklas Luhmann) und so fort. Ich wollte durch diese Bemerkung nur andeuten, daß bei diesem Endlichkeitsbegriff durch die räumliche Grenze ein reiches Konkretisierungsfeld da ist, das zu nutzen jedermann, insbesondere in der Philosophie, anempfohlen sei. All diese Grenzreaktionen aber leben davon, daß es Grenzen, d. h. Endlichkeit, gibt. Und Endlichkeit bedeutet hier, vom Raum her verstanden, die elementare Nichtüberallheit, die elementare Nichtubiquität des Begrenzten. Endlichkeit ist insofern nicht Überallsein und insofern Unter-Anderem-Sein. Endlichkeit kann philosophisch schließlich und dabei wiederum quasi theologiefrei bestimmt werden:

c) in bezug auf die Zeit. Das Grenzverständnis ist dann temporal orientiert; die maßgebliche Grenze ist die Zeitgrenze. Endlich ist das, was nicht immer, sondern zeitlich begrenzt ist. Blumenberg hat das zugespitzt durch die These: jeder von uns sei nur eine Episode. Mit diesem Endlichkeitsbegriff operiert, was den Menschen betrifft, vor allem die moderne Existenzphilosophie und ihre Nachfolgeformationen. Mich hat immer wieder mal beschäftigt die Frage: warum priorisieren die Anthropologien den Raum und warum die Existenzphilosophien die Zeit? Ich habe noch keine Antwort bisher, es scheint mir eine Sache, der nachzugehen sich vielleicht lohnen könnte. Also ich sage, es operiert mit diesem Endlichkeitsbegriff von der Zeit her vor allem die moderne Existenzphilosophie und dort repräsentativ in „Sein und Zeit“ Martin Heidegger. Endlich ist das, dessen Zeit bemessen ist, abläuft, endet durch Tod, das ist die Definition der Endlichkeit durch das temporale Ende aufgrund derer gilt: Endlichkeit ist Sterblichkeit, und menschliche Endlichkeit ist die gewußte Sterblichkeit, das „Sein zum Tode“.

Bei diesen drei Formen des Endlichkeitsverständnisses, des theologischen, des spatialen, des temporalen, scheint es mir nun so zu sein: Die modern schwindende – das ist vielleicht ein irriges Bewußtsein, aber dieses irrige Bewußtsein erobert sozusagen den Raum der Öffentlichkeit –, die modern schwindende, stark neutralisierte Dominanz des religiös-theologischen Grenzverständnisses erzwingt gegenwärtig wachsende Dominanz des räumlichen und des zeitlichen Grenzverständnisses. Das ist schon ein Kompensationsphänomen, wenn man die Endlichkeit nicht mehr in bezug auf Gott bestimmt, muß man sie in bezug auf anderes bestimmen. Und dann kommen andere Bezugsgrößen ins Spiel. Wobei wiederum ich darauf hinweise, eine der wichtigsten Grundfragen dabei ist, ob die These, daß die religiöse Orientierung der Endlichkeitsbestimmung im Schwinden und Gott tot sei, ob die überhaupt stimmt. Ich sage: die Dominanz des religiös-theologischen Grenzverständnisses erzwingt in dem Augenblick, wo sie schwindet, gegenwärtig wachsende Dominanz des räumlichen und des zeitlichen Grenzverständnisses. Der Bedeutungsschwund des religiös-theologisch orientierten Endlichkeitsbegriffs wird neuzeitlich und modern kompensiert durch den Bedeutungsgewinn des spatial orientierten und des temporal orientierten Endlichkeitsbegriffs. Dabei rücken nun die Zeitgrenzen als Orientierung modern möglicherweise deswegen schließlich ins Zentrum der philosophischen Bestimmung der menschlichen Endlichkeit, weil auch in der modernen Welt und gerade in ihr die Raumgrenzen zunehmend relativiert werden durch jenen spezifisch modernen Vorgang räumlicher Entgrenzung, der die Globalisierung ist. Alles wird zunehmend erdweit bedeutsam, terrestrisch interdependent, kosmologisch universal. Und wenn das so ist, dann verlieren die Raumgrenzen an Wichtigkeit. Dieser durch die Globalisierungstendenzen bedingte Bedeutungsverlust der Raumgrenzen wird dann, so scheint es mir wenigstens, modern kompensiert durch einen Bedeutungsgewinn der Zeitgrenzen. Eine waghalsige Überlegung, ob man so überhaupt arbeiten kann. In diesen Kontext würde eine Frage gehören, die ich hier nicht zu verfolgen habe. Wie ist das eigentlich? Es hat ja nicht immer etwa in der Philosophiegeschichte, in der Geschichte, im Bewußtsein einer Zeit soviel Epochenbegriffe gegeben wie in der modernen Welt. Eine der glücklichen Formulierungen für die Moderne ist, daß sie die Epoche der Epochisierung sei. Wenn ich es richtig erinnere, stammt diese Formulierung von Rainer Warning, also aus romanistischer Gegend, und die Frage ist: warum brauchen wir die Orientierung durch historische Zäsuren? Hängt das vielleicht damit zusammen, daß die Raumzäsuren, also die Raumgrenzen, sozusagen an Gewicht verlieren in dem Augenblick, wo alles global wird, dann hängt dies wieder daran, daß die Machtgrenzen theologisch gedacht an Gewicht verlieren. Aber dies nur, um auf ein anderes Feld im gleichen Gebiete hinzuweisen und zugleich darauf hinzuweisen, daß meine Überlegungen nicht ohne Waghalsigkeit sind. Auch die folgenden nicht. Die Raumgrenzen, sage ich also, verlieren in gewisser Hinsicht ebenfalls an Wichtigkeit. Dieser durch Globalisierungstendenzen bedingte Bedeutungsverlust der Raumgrenzen wird, so scheint es mir wenigstens, modern kompensiert durch einen Bedeutungsgewinn der Zeitgrenzen. Darum ist nach dem Dominanzverlust des metaphysisch-theologisch an der Machtgrenze orientierten Endlichkeitsbegriffs der Kreatürlichkeit der gegenwärtig amtierende Endlichkeitsbegriff, also der derzeitige Endlichkeitsbegriff vom Dienst, mehr als der spatial orientierte Endlichkeitsbegriff vielmehr der temporal orientierte Endlichkeitsbegriff, also im Blick auf meinen Versuch zur Sortierung dreier Endlichkeitsbegriffe jener Endlichkeitsbegriff, der die Endlichkeit des Lebendigen als Sterblichkeit versteht, und die menschliche Endlichkeit als temporales Sein zum Ende. Ihm, diesem temporalen Endlichkeitsbegriff, gilt darum nunmehr die verstärkte Aufmerksamkeit im folgenden Abschnitt

II. Zukunft und Herkunft

Das temporale Ende gibt es als Ziel und als Abbruch. Es gibt das Ende als Vollendung und das Ende als Tod. Es gibt bei Menschen die Finalität und die Mortalität. Zunächst und zumeist denkt man auch und gerade in der Philosophie beim temporalen Sein zum Ende überwiegend an die Finalität. Das temporale Sein nach vorn, die Zukunft, erscheint als Weg zum Ziel einer Handlung, die durch Erreichen dieses Zieles, also etwa eines Werkes, eines Tisches, eines Stuhles, eines Buches, fertig und abgeschlossen und vollendet wird. Wobei wir ja alle bei Büchern das Gefühl haben, daß das da noch ein bißchen anders liegt. Warum würden wir sonst immer wieder neue schreiben? Das kann die Form haben der Handlung eines einzelnen Menschen, die fertig wird, es kann die Form haben als gemeinsame Handlung mehrerer Menschen oder gar als einem geschichtsphilosophisch ermittelbaren Geschichtsplan folgende allgemeine Handlung aller Menschen. Dies letztere, falls man an Geschichtsphilosophien glaubt. Was man besser nicht tun sollte. Jedenfalls, als zentrale Gestalt des Endes beim Menschen gilt dann teleologisch final das Telos als Ziel und Zweck im Sinne eines Endpunktes des temporalen Weges zur Vollendung und die menschliche Zeit als Zeit zur Vollendung. Zeit zur Reife könnte man auch sagen und würde sich dann in der Nähe von Heidegger phänomenologisch analysierter Beispiele bewegen. Also ich sage: als zentrale Gestalt des Endes gehört, wenn man teleologisch final die Sache angeht, das Telos als Ziel und Zweck im Sinne eines Endpunktes des temporalen Weges zur Vollendung und die menschliche Zeit als Zeit zur Vollendung.

Aber, denke ich, wer beim Menschen so die Finalität betont, übergeht, übersieht, vergißt, verdrängt gerade seine Endlichkeit. Ein Menschenleben endet eben gerade nicht wie die Erreichung eines Zieles als Vollendung, sondern durch Tod. Seine Zukunft ist nicht primär das Feld seiner Zielstrebigkeit, sondern sie ist als die Zeit, die wir bis zu unserem Tode noch haben, stets nur derjenige knappe Aufschub, der uns noch gewährt ist, und bald, nach kurzer Frist, nicht mehr gewährt sein wird, denn jedermanns gewisseste Zukunft ist sein Tod. Unsere Zeit ist, das würde ich daraus folgern, nicht primär Zeit zum Ziel, sondern primär Frist zum Tode und darum endlich. Wir kommen spät, wir gehen früh, und die Strecke dazwischen, die unser Leben ist, ist, wie lang sie auch sein mag, kurz. Wo wir durch Geburt anfangen, ist niemals der Anfang, sondern wir werden in ein Leben geworfen, vor dem schon viel gelebt worden ist, in dem selber aber nicht mehr viel gelebt werden kann. Denn unser Tod, also mein Tod, um es heideggerisch zu formulieren, wie lange er auch zögert, kommt immer allzu bald. Darum ist unsere Zeit knapp: Die knappste aller knappen Ressourcen ist unsere Lebenszeit. Der Mensch ist das Zeitmangelwesen, das Leben ist kurz, vita brevis.

Dieser zentrale Tatbestand, die Endlichkeit der menschlichen Zeit, die Kürze unserer Zukunft und darum auch die Kürze unserer Lebenszeit, ermächtigt nun paradoxerweise unsere Vergangenheit. Es ist ja paradox, wenn man sagt, es ist besonders wichtig, auf die Zukunft zu blicken, daß man dann sagt, darum ist die Vergangenheit besonders wichtig. Das kommt daher, weil die Zukunft so kurz ist, darum bleiben wir in der Vergangenheit in erheblichster Weise stecken, wir müssen aus ihr leben. Die Kürze unserer Zukunft ermächtigt unsere Herkunft. Wir haben einfach nicht genug Zeit, um unserer Vergangenheit, unserer Herkunft, in beliebigem

Umfang zu entkommen. Darum müssen wir stets mehr das bleiben, was wir schon waren und sind, als das Neue, das wir werden wollen. Wir haben im übrigen auch nicht die Zeit, unsere Lebensverhältnisse und Lebensregeln in beliebigem Umfang neu zu erfinden. Das ist ja ein Irrtum, daß wir das könnten, selbst wenn wir das wollten. Darum müssen wir sie stets überwiegend als Traditionen, als Üblichkeiten, aus der Vergangenheit übernehmen; wir müssen überwiegend aus unserer Herkunft leben. Der Mensch – ich wiederhole es – ist das Zeitmangelwesen, das durch die todesbedingte Kürze seiner Zukunft unvermeidlich auf seine Herkunft, seine Vergangenheit so zurückverwiesen wird.

Dabei ist das Zeitmangelwesen Mensch, und das hat nun mit der menschlichen Endlichkeit und ihrer Kompensation zu tun, gezwungen, die Kürze seiner Lebenszeit auszugleichen. Das Leben ist kurz, darum können wir nicht beliebig lange warten, sonst verpassen wir unser Leben, wenn wir unsere Lebensansprüche nicht durch Bescheidenheit senken, müssen wir sie schneller erfüllen, als der schnelle Tod uns erreicht, sonst erreichen wir sie gar nicht oder erfüllen wir sie gar nicht. Wir müssen also, das war der Punkt, auf den Herr Wagner schon hingewiesen hat, wir müssen also ungeduldig sein und eilen und möglichst schnell auf dauernd andere Zukunft aus sein, auf schnellen Fortschritt. So kann der Mensch seine Lebenszeitkürze, seinen Lebenszeitmangel durch Tempo kompensieren. Durch Lebensbeschleunigung, die dort, wo sie zunimmt, zur Epochensignatur werden kann in der modernen Welt.

Dabei entsteht in dieser modernen Welt, der Welt des beschleunigten Fortschritts für den Menschen eine charakteristische Schwierigkeit, auf die ich wenigstens hinweisen möchte. Das zunehmende Innovationstempo führt dazu, daß die modernen Menschen, die in dieser modernen Welt zukunftsknapp und herkunftspflichtig bleiben, in ein widersprüchliches Verhältnis zu ihrer Herkunft geraten, zu den Üblichkeiten, den Traditionen, den Überlieferungen. Teils nämlich bleibt die Herkunft zu sehr präsent. Dann müssen die Menschen irgendwie versuchen, die Herkunft zumindest ein wenig loszuwerden, denn sie behindert dann die Innovationen. Teils aber bleibt die Herkunft zu wenig präsent, dann müssen die Menschen versuchen, die Herkunft festzuhalten, um sie als Reservoir von Lebensorientierungen zu retten. Wo die Herkunft zu sehr beharrt, blockiert sie Fortschritte. Wo die Herkunft zu sehr entgleitet, stürzt uns das in Beliebigkeiten. Beides erzeugt, mit Kierkegaard zu reden, Verzweiflung, jenes die Verzweiflung der Notwendigkeit aus Mangel an Möglichkeit, dieses die Verzweiflung der Möglichkeit aus Mangel an Notwendigkeit. Jenes produziert Versteinerungen, dieses produziert Beliebigkeiten. So kommt es zur Kompensation dieser beiden Fehlverhältnisse zur Herkunft darauf an, die Herkunft teils zu distanzieren, teils zu bewahren. Darum entwickelt die moderne Welt, gerade sie, Distanzierungskultur und Bewahrungskultur, zu der nota bene zentral die Hermeneutik gehört als distanzierende Hermeneutik und als adaptierende oder bewahrende Hermeneutik. Diese doppelte Hermeneutik als Herkunftsverhältnis unter den Bedingungen des Endlichkeitsausgleichs durch die modern gesteigerte Eile ist eine Kompensation. Und diesem Phänomen der Kompensation, der Unvermeidlichkeit von Kompensationen unter Bedingungen der Endlichkeit wende ich jetzt die Aufmerksamkeit zu, im am heutigen Tage letzten, dem Abschnitt

III. Kompensation

Was ich bisher ausgeführt habe, kann man als den Versuch einer ontologischen Grundlegung der Bestimmung des Menschen als Mängelwesen verstehen, die Johann Gottfried Herder und Arnold Gehlen vorgeschlagen haben, die ich aber auch entdecke bei anderen Philosophen, etwa bei Jean-Paul Sartre, der ja den Menschen als Essenzmängelwesen bestimmt hat. So muß man das ja wohl sehen. Wenn der Mensch erst existiert und sich dann bestimmt, also sein Wesen findet, dann fehlt das Wesen ja zunächst. Es ist ebenfalls eine Mängelwesensituation, in der er steckt. Dabei war meine These: menschliche Endlichkeit, die vor allem als Zeitmangel verstanden werden muß, verlangt nach Kompensation. Was Kompensation ist, könnte man etwa folgendermaßen definieren: Kompensation – ich fürchte man kann es noch auf viele andere Weise definieren, und unter diesen vielen anderen Weisen gibt es sicher auch noch bessere als die, die ich Ihnen jetzt vorschlage – bedeutet Ausgleich von Mangellagen durch ersetzende oder wiederersetzende Leistungen, die also für Fehlendes statt dessen vikariierend einspringen. Nun ist es so: In der Philosophie besteht eine gewisse Abneigung gegen den Kompensationsbegriff. Man kriegt nicht so ganz raus, warum. Am ehesten scheint es zu liegen am psychoanalytischen Stallgeruch dieses Begriffs. Ich habe von mir sehr geschätzte Kollegen, darunter enge Freunde, die mir, wenn ich von Kompensation spreche, gar nicht zuhören. Aber dann sozusagen, wenn diskutiert wird, genau an der selben Stelle wieder anfangen, wo ich auch angefangen hatte; die These stimmt bloß nicht, daß Kompensation ein psychoanalytischer Begriff sei. Diesen psychoanalytischen Stallgeruch spürt man zwar, wenn man die Begriffsgeschichte des Kompensationsbegriffs anguckt. Aber zugleich ergibt sich dann, daß der Eindruck vom psychoanalytischen Stallgeruch des Kompensationsbegriffs nur dann entstehen kann, wenn man diese Begriffsgeschichte von Kompensation nicht kennt. Denn der Kompensationsbegriff, der übrigens auch eine nachpsychoanalytische Begriffsgeschichte hat, mit den anthropologischen Stichworten Mängelwesen und Kompensation, kompensatorische Wirtschaftspolitik oder Fiskalpolitik, kompensatorische Erziehung. Es gibt dann auch die Kompensationstheorie der Geisteswissenschaften und so fort. Man muß aber sagen, dieser Kompensationsbegriff kommt ursprünglich keineswegs aus der Psychoanalyse. Das Oberhaupt der Psychoanalyse, also Freud selber, hat ihn fast gar nicht gebraucht. Vermutlich, weil er einen Zentralbegriff der Haupthäretiker der Psychoanalyse und Hauptkonkurrenten Freuds, Alfred Adlers und Carl Gustav Jungs, vermeiden wollte. Übernommen haben aber alle drei, wenn sie ihn verwandt haben und wie sehr oder wie wenig stark sie ihn verwandt haben, übernommen haben diese Psychoanalytiker im weitesten Sinne den Kompensationsbegriff aus der um 1900 geführten hirnphysiologischen Kompensationsdiskussion. Aber schon Mitte und Anfang des 19. Jahrhunderts war der Kompensationsbegriff zentral. Etwa bei Jacob Burckhardt, der in den „Weltgeschichtlichen Betrachtungen“ vom „geheimnisvollen Gesetz der Kompensation in der Geschichte“ sprach und dabei so verschiedene Dinge zusammenbrachte wie einerseits das Wachstum der Bevölkerung nach großen Kriegen und andererseits, daß der Weltakzent sich verschiebt aus dem östlichen Mittelmeer ins westliche hinein. Er hat also vom geheimnisvollen Gesetz der Kompensation der Geschichte gesprochen, und bei Ralph Waldo Emerson kann man vom Kompensationsgesetz lesen, er hat einen Essay darüber geschrieben, in dem vom großen Kompensationsgesetz, vom ‚give and take‘ die Rede ist. Alles hat seinen Preis, so müßte man das kurz übersetzen. Und bei Pierre Hyazinthe Azaïs die These: Der Glückssaldo ist bei allen Menschen gleichermaßen null. Weil Übel und Güter einander kompensieren. Woran schon Antoine de Lasalle in der zweiten Hälfte des 18. Jahrhunderts gedacht hatte und, man mag es nicht glauben, aber es ist so, Kant in der Schrift über die negativen Größen, der ebenfalls diese Null-Theorie vertrat, wo er sagte: dort, wo man die antagonistischen Kräfte moralisch interpretiert, dort muß man zum Ergebnis kommen, daß sozusagen die Glücksbilanz der Welt gleich null ist. Dieses Theorem, das Vorläufer hat bei jenen Felix-Culpa-Theologen wie z. B. Augustinus, aber auch bei Anselm von Canterbury, die den Kompensationsbegriff beiläufig gebrauchten, als unemphatischen Äquivalenzbegriff für die Erlösung, das Kompensationstheorem kommt letztendlich, muß man sagen, vor allem aus einer etwas späteren Formation, nämlich aus den Theodizeen des frühen 18. Jahrhunderts. Gott hat in seiner Schöpfung die Übel durch Güter kompensiert, meinte Leibniz, der zu den Übeln auch und zentral das malum metaphysicum rechnete, die Endlichkeit. Der Kompensationsbegriff, daran sollten jene Philosophen denken, die ihn nicht mögen, hat eine in der Regel vergessene philosophische Vorgeschichte. In dieser Philosophiegeschichte des Kompensationsgedankens gibt es aber Stützen für jene These, die ich hier zu vertreten versuche. Menschliche Endlichkeit verlangt und erzwingt Kompensation, und ich möchte dafür – für heute abschließend – einige zusätzliche Belege geben, und zwar im Blick auf die drei von mir zuvor genannte Endlichkeitsbegriffe, nun allerdings in umgekehrter Reihenfolge: im Blick auf die Zeit und die Zeitgrenzen, im Blick auf den Raum und die Raumgrenzen und im Blick auf die Macht und die Machtgrenzen. Da ist:

a) die menschliche Endlichkeit bestimmt im Blick auf die Zeit, also das Sein zum Tode, das den Menschen endlich macht als Zeitmangelwesen. Dieser Zeitmangel entsteht beim Menschen nicht nur dadurch, daß er spät geboren wird und früh stirbt, sondern auch dadurch, daß wir Menschen zwischen der einzigen Geburt, durch die wir selber zur Welt kommen, und dem einzigen Tod, den wir selber sterben müssen, nur ein einziges Leben zur Verfügung haben. Aber – das wäre nach meiner Vorstellung die Lösung dieses Problems, und auch darauf hat Herr Wagner in seiner Begrüßung hingewiesen – es gibt nicht nur den jeweils einzelnen, sondern es gibt auch die anderen, unsere Mitmenschen, die, weil sie viele sind, viele Leben leben, an denen wir teilnehmen können und dadurch in gewisser Hinsicht auch ihre Leben, auch ihre Lebenszeiten haben. Weil wir, um mit uns klarzukommen, als Zeitmangelwesen trotz unserer Lebenseinzigkeit mehrere, viele Leben und Lebenszeiten brauchen, brauchen wir unsere Mitmenschen. Die Kommunikation mit ihnen in all ihrer Vielfalt ist für uns die einzige Chance, wenn ich das richtig sehe, trotz unserer Lebenskürze und unserer Lebenseinzigkeit mehrere, viele Lebenszeiten zu leben und dadurch mehr Lebenszeit zu haben, als wir haben. Denken Sie daran, wenn wir Kinder haben oder Freunde haben, die Kinder haben, reicht deren Lebenszeit normalerweise über unsere Lebenszeit hinaus. Wenn wir Vorfahren haben oder Freunde haben, die Vorfahren haben, reicht deren Lebenszeit vor unsere Lebenszeit zurück. Schon dadurch verlängert sich die Lebenszeit, und das ist die trivialste Form der Erläuterung dieses Befundes. Man kann das sehr viel komplizierter untersuchen und auch beschreiben. Weil wir viele Lebenszeiten brauchen, brauchen wir also unsere Mitmenschen, und indem wir sozusagen ihre Lebenszeiten mitleben, ist diese Lebenspluralisierung durch unsere Mitmenschen die Möglichkeit, unseren Lebenszeitmangel zu kompensieren. Und vielleicht auch die Notwendigkeit. Dabei ist gerade die Vielfalt dieser Mitmenschen, ihre bunte Verschiedenartigkeit, wichtig und darf durch die Kommunikation mit ihnen nicht getilgt, sondern sie muß dabei gerade geschützt und gesteigert werden. Darum muß diese Kommunikation mehr sein als jener ideale Diskurs, den zu führen uns die Zweite Frankfurter Schule, also Karl Otto Apel und Jürgen Habermas, der gerade 65 geworden ist, empfiehlt. Denn dieser ideale Diskurs macht, wenn ich richtig verstehe, was Apel und Habermas wollen, dieser ideale Diskurs macht das Besondere doch durch das Allgemeine stumm und löscht dadurch die Vielfalt der Mitmenschen gerade aus. Denn in ihm ist Vielfalt der Überzeugung nur als Anfangskonstellation gestattet, Bewegung des Diskurses nur als Abbau der Vielfalt der Überzeugungen gestattet, und der Endzustand dieses ideellen Diskurses, der universalistische Konsens, ist einer, bei dem niemand mehr anders denkt als die anderen. Die Vielfalt der Mitmenschen wird gerade überflüssig. Und jene Kommunikation, die nicht Gleichschaltung ist, sondern Lebenspluralisierung, geht gerade verloren. Es ist bekannt, daß Karl Otto Apel Wert darauf legt zu sagen, er habe dieses Konzept des idealen Diskurses gegen den transzendentalphilosophischen Solipsismus des transzendentalen Subjekts erfunden; aber man muß eigentlich sagen, daß sozusagen der Schlußertrag dieses Diskurses, der universelle Konsens, die Rache des Solipsismus an seiner diskurstheoretischen Überwindung ist. Deswegen, weil zum Schluß wiederum etwas rauskommt, wo nur ein Mensch genügt, um diese Überzeugung zu haben. Man braucht nicht mehrere. Ich würde aber sagen, gerade die lebenspluralisierende Kommunikation braucht die Vielfalt der Menschen, um die Endlichkeit ihrer Zeit, ihren Zeitmangel und ihre Lebenseinzigkeit zu kompensieren. Denn das einzig aussichtsreiche Kompensationsmittel ist hier die Kommunikation mit den Mitmenschen, die als Lebenspluralisierung wirken. Geteilte Zeit ist vielfache Zeit. Da ist:

b) die menschliche Endlichkeit bestimmt im Blick auf den Raum und seine Grenzen, also als Nichtubiquität, als Nichtüberallheit. Dieser Raummangel durch die engen Grenzen, in die wir von unserer Haut über unsere Hose bis zu unserer Umwelt räumlich eingeschlossen sind, bedarf seinerseits der Kompensation. Ich will nun nicht unbedingt im Ernst behaupten, was anzunehmen doch eigentlich naheliegt, daß die Korpulenz der Korpulenten der Versuch ist, sich ein wenig Ubiquität zu erwerben. Und daß ein Dünner durchs Dickwerden jene Überallheit erstrebt, die ihm im räumlich Endlichen zunächst fehlt. Dazu gehört dann als Kompensationsmittel die Mobilität. Lebendiges ist ja merkwürdigerweise nie mit dem Platz zufrieden, auf den es sich zunächst setzt. Ich weiß nicht, wie es bei Pflanzen ist. Da habe ich noch nicht mit einer repräsentativen Menge mich unterhalten. Aber es scheint mir so zu sein, daß Lebendiges nie mit dem Platz zufrieden ist, auf den es sich zunächst setzt. Seine Anfangspositionalität ist ihm stets zu wenig. Darum wächst es, bewegt es sich und gewinnt schließlich im Zeitalter der technischen Mobilität und entfernungsüberwindenden Information jenes Quantum Ubiquität, durch das die endlichen Wesen ihren Raummangel kompensieren. Da ist schließlich:

c) die menschliche Endlichkeit bestimmt im gegebenenfalls theologischen Blick auf die Macht, also durch Machtgrenzen. Auch dieser menschliche Machtmangel bedarf der Kompensation. Der Mensch versucht, seine Wirklichkeit immer mehr zu beherrschen und schließlich durch Wissenschaft und Technik zum ‚maître et possesseur de la nature‘ zu werden – wie Descartes gesagt hat –, und so Schritt für Schritt, Fortschritt um Fortschritt, jene Macht sich zu erobern, die man zuvor nur Gott zugetraut hatte. In der modernen Welt ist für den Menschen der Fortschritt die Kompensation, vielleicht die auffälligste Kompensation seiner Ohnmacht durch eine nicht mehr theologisch, sondern profan und säkular definierte Macht. Das Kompensationsmittel ist der Fortschritt, denn Endlichkeit, auch als Machtmangel, verlangt nach Kompensation.

Kurz gesagt: Zur menschlichen Endlichkeit gehören Kompensationen. Aber es wird sich zeigen, daß es dabei und hier – darauf werde ich etwas den Akzent legen – gerade beim Fortschritt mit der Kompensation Probleme gibt, die angesichts der menschlichen Endlichkeit und angesichts der modernen Welt nach besonderen Lösungen verlangen. Darüber aber morgen. Recht schönen Dank!

Odo Marquard

Menschliche Endlichkeit und Kompensation II

Sehr verehrte Gastgeber der Hegelwochen, sehr verehrte Gäste der Hegelwochen!

Menschen sind die, die etwas statt dessen tun müssen, tun können und tun. Anders gesagt: die Menschen kompensieren, was mit ihrer Endlichkeit zusammenhängt, auch mit der Freiheitsseite ihrer Endlichkeit.

Jetzt gibt es sicher einige im Saal, die Angst haben und Sorge haben, ich hätte statt des heutigen das gestrige Manuskript meines Vortrags mitgebracht, denn so fing gestern mein Vortrag an, aber er fängt heute genau so an, ein Beweis dafür, daß ich nicht wankelmütig bin. Meine Anthropologie der Kompensation, These: Der endliche Mensch braucht Kompensationen, ist eine Art Generalisierung jener Kompensationstheorie der Geisteswissenschaften, die ich, zu Anfang meines gestrigen Vortrags hatte ich darauf hingewiesen, vor neun Jahren hier in Bamberg vor der Westdeutschen Rektorenkonferenz skizziert hatte. Ich hatte damals den Eindruck, daß Politiker, Meinungsmultiplikatoren und Wissenschaftsadministratoren auf diese Kompensationstheorie der Geisteswissenschaften positiv reagiert haben. Etwa so: jetzt haben wir eine gute Begründung, etwas Gutes für die Geisteswissenschaften zu tun. Gleichzeitig aber entstand nun innerhalb der Geisteswissenschaften eine Welle des Protestes, seitens progressiv sich verstehender Geisteswissenschaftler gegen die Kompensationstheorie der Geisteswissenschaften. Seither, wenn ich das richtig sehe, ist die Lage diese: Mit Berufung auf die Kompensationstheorie von Joachim Ritter, Hermann Lübbe und mir werden Förderungsmittel für Geisteswissenschaften und Kultur gern bereitgestellt, aber mit Berufung auf unsere Kritiker werden sie dann besonders heftig eingespart. Angesichts dieser Ambivalenzlage scheint es mir angebracht, mich zur Kompensationstheoriekritik, wenn auch nur durch kurze Hinweise, noch einmal zu äußern. Ich tue das heute ebenfalls in drei Abschnitten: 1. Fortschrittstheorie und Kompensationstheorie; 2. Erhaltungssätze; 3. Kompensation – Anthropologie – Interdisziplinarität. Ich beginne dabei auch heute, den Üblichkeiten entsprechend, mit Abschnitt

I. Fortschrittstheorie und Kompensationstheorie

Ich habe nicht den Eindruck, daß die Einwände, die gegen die Kompensationstheorie geltend gemacht worden sind, die Kompensationstheorie zum Rücktritt zwingen. Im übrigen, auch das Leben eines Kompensationstheoretikers ist kurz, auch er leidet unter Zeitnot, z. B. unter Vorbereitungszeitnot, darum beschränke ich mich hier auf den Hinweis auf vier Einwände gegen die Kompensationstheorie (a–d), und werde dann meine Antworten sozusagen einarbeiten. Das ist aber eine ganz kurze Passage. Da ist:

a) der Funktionalismuseinwand. Die Kompensationstheorie heißt es, ist nur eine Funktionstheorie: sie bestimmt die Funktion der Geisteswissenschaften (als Kompensation), aber nicht ihre Substanz, nicht ihr pensum proprium. Das trifft zwar zu, meine Damen und Herren, ist aber, meine ich, kein Einwand gegen die Kompensationstheorie. Funktionstheorien zerstören nicht, sondern ergänzen Substanztheorien, indem sie – z. B. als Kompensationstheorie – den Geisteswissenschaften in deren pensum proprium nicht normativ dreinreden und so völlig liberal agieren. Das übersehen die Kompensationstheoriekritiker leicht. Die Kompensationstheorie bleibt sozusagen bei der liberalen und bescheidenen Aufgabe, nicht die Substanz der Geisteswissenschaften zu klären, sondern nur die Funktion dieser Substanz. Da ist:

b) der Wissenschaftsverzichtseinwand. Die Geisteswissenschaften, etwa Ernst Tugendhat hat das geltend gemacht, sind wie alle Wissenschaften Bruch mit Traditionen. Sie kompensieren nicht diesen Bruch, die Modernisierung, sondern vollziehen den Bruch, vollziehen die Modernisierung. Wer das leugnet, so sagen die Kritiker, verleugnet den Wissenschaftscharakter der Geisteswissenschaften. Doch wer den Geisteswissenschaften nur den Bruch, die Emanzipation aus den Traditionen erlaubt und ihnen die Kompensation dieses Bruchs, also die Pflege der Kontinuität mit den Traditionen verbietet, halbiert die Aufgabe der Geisteswissenschaften und das, was sie tun. Die Geisteswissenschaften sind selber, wie ich selber formuliert habe, unüberbietbar modern, auch und gerade, meine ich, wenn sie kompensieren. Da ist:

c) der Einwand der unspezifischen Bestimmung. Kultur ist, anthropologisch bestimmt, immer Kompensation. Darum ist, die moderne Welt durch Kompensationen zu bestimmen, für die Modernitätsanalyse zu unspezifisch. Etwa Herbert Schnädelbach hat diesen Einwand vorgebracht. Aber, meine ich, die Kompensationstheorie charakterisiert die Moderne nicht schlechthin durch Kompensation überhaupt, sondern durch spezifisch moderne Kompensation, was den Einwand hinfällig werden läßt. Da ist:

d) der am meisten gebrauchte, der Affirmationseinwand. Die Kompensationstheorie hat die moderne bürgerliche Welt, so heißt es in diesem Einwand, nur schöngefärbt, schöngedacht, schön angestrichen. Es kommt aber darauf an, diese Welt, diese bürgerliche Welt zu verändern. Die Kompensationstheorie tut das zu wenig oder gar nicht, sie ist darum nur Affirmation, es fehlt ihr – so wird das normalerweise ausgedrückt – der kritische Stachel, und darum ist sie per se kulturkonservativ. Es fehlt also in der Kompensationstheorie die Kritik. Aber auf die Kritik, die da angeblich fehlt, auf diese Kritik kann man gerne verzichten. So lange die Tage der sogenannten spätbürgerlichen Welt gezählt zu sein schienen, wurde es opportun, der Negation des Bürgerlichen als wahrscheinlichem künftigen ideologischen Sieger in vorauseilendem Konformismus sich anzuschließen. Etwa dem Marxismus. Und diesen Negationskonformismus nannte man dann Kritik. Wenn die Kompensationstheorie, was sie tat, diesen Negationskonformismus kritisierte, war sie und ist sie als Affirmation gerade besonders viel Kritik, scheint mir. Und zwar die, die man besonders braucht und die besonders fällig ist. Auch heute und gerade heute.

Das waren vier Hinweise. Insgesamt, meine ich, läuft die Kritik an der Kompensationstheorie insbesondere der Geisteswissenschaften allemal darauf hinaus, sie versäume es, die Geisteswissenschaften als Fortschritt zu begreifen. Sie unterschlage ihre Progressivität sozusagen, und das bedeutet generell, wer den Menschen als Homo compensator, als Kompensationswesen begreift, versäumt es, ihn als Homo progressor, als Fortschrittswesen zu begreifen, und das sei schlimm. Aber stimmt das wirklich? Stimmt das, daß das schlimm wäre? Soweit Kompensationstheorie und Fortschrittstheorie in Opposition stehen, das ist ja die Voraussetzung dieser Argumentation, muß das ja nicht automatisch für die Fortschrittstheorie und gegen die Kompensationstheorie sprechen. Auch daran sollte man denken, und darum ist es, meine ich, nützlich, das Verhältnis von Fortschrittstheorie und Kompensationstheorie einen Augenblick ins Auge zu fassen, auch historisch.

Die Konjunktur der Fortschrittstheorie ist ein Neuzeitphänomen. Es hat sie nicht immer gegeben, möglicherweise sollte man daraus folgern, es wird sie auch nicht immer geben. Obwohl ich vorsichtig mit dieser Prognose bin, da ich selber auch ein wenig am Fortschritt hänge. Also die Konjunktur der Fortschrittstheorie ist ein Neuzeitphänomen, denn der emphatische Fortschrittsgedanke hat erst nach einem artistischen Vorspiel bei den humanistischen Moderni seit dem 15. Jahrhundert, seit der Querelle des anciens et des modernes im 17. Jahrhundert und seit dem 18. Jahrhundert Konjunktur und Evidenz. Koselleck hat gezeigt, welche Bedeutung das Jahr 1750 in diesem Zusammenhang hat. Fast ebenso lange, man denke an Rousseaus „Discours des sciences et des arts“ von 1750 und besonders heftig dann in unserer Gegenwart, gibt es die Fortschrittskritik. So entsteht seither zumindest die Frage, ist der Fortschritt gut oder schlecht für die Wirklichkeit? Ist er Realitätsgewinn oder Realitätsverlust? Entsprechend: Faßt der Fortschrittsgedanke überhaupt die ganze Wirklichkeit?

Unbestreitbar gibt es gute Fortschritte. Das zeigt sich am überzeugendsten, jedenfalls für mich am überzeugendsten, im Rückblick. Niemand von uns will, denke ich, in Zeiten zurück, in denen es keine Anästhesie, keine Sozialversicherung, keine Hilfe durch Technik, keinen Reißverschluß, keine menschenrechtsgeleitete Rechtsordnung gab, und so fort. Darum ist der Fortschritt grundsätzlich doch wohl eine zustimmungsfähige Sache. Der technologische Fortschritt, der schneller und immer schneller artifizielle Lebenserleichterungen bringt, der soziale Fortschritt, der, mühsam zwar, und gerade wo er durch Revolutionen beschleunigt werden soll, desaströs, gleichwohl schließlich Menschenrechte realisiert und universalisiert, und so fort. Dennoch, je schneller der Fortschritt Neues bringt, desto schneller läßt er das bisherige Neueste veralten. Mit dem Innovationstempo wächst die Veraltungsgeschwindigkeit, und schneller und immer schneller wird das, was der Fortschritt überbietet, oder das, was den Fortschritt nicht fördert, ausrangiert, es wird methodisch ausgeklammert, neutralisiert, vergessen, weggeworfen, eliminiert. Aber dieses durch den Fortschritt Ausrangierte brauchen die Menschen zugleich. Ohne Kontinuitäten halten sie den Fortschritt und seine Beschleunigung nicht aus. Darum entwickelt sich in der modernen Welt kompensatorisch zum Fortschritt eine Bewahrungskultur, die trotz des Fortschritts und ihn ermöglichend und unterstützend das an der Wirklichkeit festhält, was nicht Fortschritt ist. Zukunft braucht nicht nur Zukunft, sondern auch Herkunft. Und so bleibt und wird gerade innerhalb der Fortschrittskultur kompensatorisch die Entwicklung einer Kontinuitätskultur nötig. Das Fortschrittskonzept allein reicht also nicht aus. Diese Folgerung würde ich daraus ziehen, ich kann das sicher umfänglicher begründen, dazu fehlt hier die Zeit, das Fortschrittskonzept allein reicht nicht aus, weil zur Wirklichkeit nicht nur der Fortschritt gehört, sondern auch z.B. die Kontinuität. ‚They never come back' gehörte zur Charakterisierung von Boxmeistern. In der Wirklichkeit der Geschichte gilt für Wirklichkeiten, für sehr viele Wirklichkeiten ‚they ever come back', was natürlich nicht nur behaglich ist. Also es gehört zur Wirklichkeit auch die Kontinuität. Darum ist die totale und emphatische Fortschrittstheorie, wie man heute allenthalben spüren kann, in die Krise geraten, und es entsteht das Bedürfnis nach einem anderen, differenzierteren Wirklichkeitsmodell. Dickköpfig wie ich bin, und ich bin ziemlich dickköpfig, meine ich, ein guter Kandidat für ein anderes Wirklichkeitsmodell ist das Kompensationsmodell, demzufolge sowohl zum Fortschritt Kompensationen gehören als auch die Fortschritte selber Kompensationen sind.

Meine These ist darum: Wo die Fortschrittstheorie in die Krise gerät, muß die Kompensationstheorie ihre Chance bekommen. Das wird durch begriffsgeschichtliche Recherchen gestützt. Wir kennen inzwischen nicht nur durch das Buch von Jean Svagelsky „L'idée de compensation en France de 1750 à 1850", das 1981 in Lyon erschienen ist, die Begriffsgeschichte des Kompensationsbegriffs, von der ich schon gestern etwas erzählt habe, recht gut. Und auch und gerade in ihrem Zusammenhang mit der Begriffsgeschichte des Fortschrittsbegriffs. Wir wissen, das Kompensationsmodell hatte schon einmal Konjunktur, nämlich vor der Konjunktur des Fortschrittsmodells. Und es hat darum erneut Konjunktur seit der Krise des Fortschrittsmodells. Vor der Konjunktur des Fortschrittsgedankens, vor allem in der ersten Hälfte des 18. Jahrhundert, und Mitte des 18. Jahrhunderts, hatte der Kompensationsgedanke Bedeutung im Kontext der Theodizeen – ich hatte auch darauf schon hingewiesen –, der Theodizeen à la Leibniz mit der Frage: Wie zureichend hat Gott Mängel und Übel in der von ihm geschaffenen Welt durch Bonitäten kompensiert? Ein weiterer Schritt war dann die Frage: Wenn die Bilanz insgesamt etwas mäßig ist bei der Betrachtung der Welt, können die Menschen eigentlich etwas tun zur Bilanzaufbesserung? Und aus dieser Fragestellung, die die Theodizee erzeugt, entstand der Utilitarismus. Das ist ganz interessant, das zu verfolgen. Also wie zureichend hat Gott Mängel und Übel in der von ihm geschaffenen Welt durch Bonitäten kompensiert? Dieser kompensationstheoretische Ansatz mit seinen im Prinzip drei Antworten: Die Güter überwiegen, die Übel überwiegen, und der Saldo aus Gütern und Übeln ist null, wird seit Mitte des 18. Jahrhunderts dann durch die Fortschrittstheorie überboten und dadurch philosophisch überwiegend uninteressant. Die Fortschrittstheorie besiegt damals sozusagen die Kompensationstheorie und vertreibt sie aus den Zusammenhängen der Philosophiegeschichte. Aber dabei bleibt es nicht, dabei ist es nicht geblieben. Denn nach der Krise des Fortschrittskonzepts oder seit der beginnenden Krise des Fortschrittskonzepts bekam das Kompensationskonzept gerade in unserem Jahrhundert erneut Wichtigkeit. Das geschah im Kontext der Psychoanalyse, ich hatte darauf hingewiesen, und vor allem der philosophischen Anthropologie etwa von Helmuth Plessner und Arnold Gehlen. Der Mensch ist Mängelwesen mit der Fähigkeit, seine Mängel durch Kultur zu kompensieren. Fast gleichzeitig regt sich die philosophische Kompensationstheorie der modernen Welt von Joachim Ritter. So wird theorie- und begriffsgeschichtlich unterstrichen und belegt, was ich als These formuliert hatte: gerade weil und wo die Fortschrittstheorie in die Krise gerät, muß das philosophische Kompensationskonzept erneut interessant werden. Man kann da noch so viel Gezeter anstimmen, es muß wieder interessant werden. Die Krise der Fortschrittsphilosophie disponiert zu einer Neukonjunktur der Kompensationsphilosophie. Ob das dann ein Ansatz ist, der wirklich die Wünsche befriedigt, die man so theoretisch hat, ist eine andere

Frage und als solche natürlich offen. Darüber muß man diskutieren. Aber wenn man darüber diskutieren muß, muß man zunächst einmal Aufmerksamkeit darauf lenken. Zunächst, bevor ich meine These energisch vertrete, weise ich auf einige Schwierigkeiten hin, denen sie begegnet, und dies im Abschnitt

II. Erhaltungssätze

Die Kompensationsphilosophie hat es nicht nur mit guten Kompensationen zu tun, das muß man zugeben. Das pflegen aber die Kritiker normalerweise gar nicht ins Feld zu führen. Sie hat es nicht nur mit guten Kompensationen zu tun, sondern auch mit unguten. Mit problematischen, mit schlechten Kompensationen.

Denn es gibt auch unangenehme Kompensationen. Gar kein Zweifel. Ich deute das zunächst an, indem ich drei zunehmend sarkastische Kompensationsformulierungen zitiere. Da ist zunächst die pathetisch-idealistische Kompensationsformel „Wo aber Gefahr ist, wächst das Rettende auch" (Hölderlin, Patmos). Da ist präzis strukturgleich die durch Schopenhauer inspirierte Kompensationsformel „Wer Sorgen hat, hat auch Likör" (Busch, Die fromme Helene). Ich weiß nicht, wir haben so viele schicke Dissertationen, gibt's schon eine über Busch und Hölderlin oder Hölderlin und Busch, ganz wie Sie wollen, es wäre an der Zeit. Und da ist dann die wirklich Unangenehmes benennende Kompensationsformel, die Wilhelm Szilasi einmal mündlich von sich gegeben hat. Er sagte: „Die Natur ist gerecht. Macht sie ein Bein kurz, macht sie das andere dafür um so länger." Es gibt also, meine Damen und Herren, auch unbehagliche Kompensationen, und die unbehaglichsten Kompensationen sind, scheint mir, die, die zu kulturellen Erhaltungssätzen führen. Erhaltungssätze, z. B. den Energieerhaltungssatz, kennt man aus der Naturwissenschaft. Doch kann man, meine ich, mit Unbehagen Erhaltungssätze auch für den Bereich der Kultur vermuten mit der unangenehmen Grundstruktur, gerade auch unerfreuliche Kulturverhältnisse bleiben langfristig konstant bzw. im Gleichgewicht, wenn Minderungen an einer Stelle durch Mehrungen an einer anderen Stelle (oder umgekehrt) ausgeglichen, d. h. kompensiert werden. Ich nenne hier vier Beispiele, ich fürchte, es gibt noch mehr, und sie einmal halbwegs vollständig aufzulisten, wäre sicher auch eine verdienstliche und sicher auch interessante Arbeit. Da ist:

a) der Satz der Erhaltung der Konfusion. Ein Minimum an Unordnung wird, gerade auch kulturell, stets wieder hergestellt. Wo sie durch Ordnung gestört wird, wird diese Störung alsbald beseitigt. Ordnung ist eine Steresis, eine privatio, eine Beraubung. Ein Hausbau, das ist ein merkwürdiger, aber schöner Gedanke, ein Hausbau raubt einem Steinhaufen seine Haufenhaftigkeit. Gerade auch ein Mangel an Chaos erzwingt dann, das liegt in der Konsequenz einer solchen Überlegung, auch ein Mangel an Chaos erzwingt dann seinen Ausgleich, eine Kompensation im Dienste der Erhaltung des Durcheinanders. Darum stürzen Häuser schließlich ein. Wer das Planungswesen, etwa das Forschungs- und Bildungsplanungswesen, beobachtet, kann zum Schluß kommen, diese Ausgleichsbewegung sei die wahrscheinlichere. Sie ist die Erhaltung der Konfusion unter Verwendung ihrer Beseitigung als Mittel. Da ist:

b) der Satz der Erhaltung des Negativitätsbedarfs. Wo Fortschritte wirklich erfolgreich sind und wo sie Übel wirklich ausschalten, da wecken sie selten Begeisterung. Sie werden vielmehr selbstverständlich. Und die Aufmerksamkeit konzentriert sich dann auf jene Übel, die übrigbleiben. Dabei wirkt das Gesetz der zunehmenden Penetranz der Reste. Je mehr Negatives aus der Wirklichkeit verschwindet, desto ärgerlicher wird, gerade weil es sich vermindert, das Negative, das übrigbleibt. Knapper werdende Güter werden, wir wissen das, immer kostbarer. Knapper werdende Übel werden negativ kostbarer, sie werden immer plagender, und Restübel werden schier unerträglich. Wer in Spätkulturen unter immer weniger zu leiden hat, leidet kompensatorisch unter diesem wenigen immer mehr. Just wie die Prinzessin auf der Erbse, die auf Daunen gebettet unter nichts anderem mehr zu leiden hatte, nun unter einer Erbse litt. Man kann das weiterdenken: was tut diese Prinzessin, die den modernen Menschen symbolisiert, wenn auch noch die Erbse als Leidensquelle ausfällt? Dann, denke ich, beginnt sie unter den Daunen zu leiden und darunter, daß die Erbse fehlt. Denn je besser es den Menschen geht, desto schlechter finden sie das, wodurch es ihnen besser geht. So etwa bei der Chemie. Je stärker ihre Erfolge sind, desto mehr gerät sie in den Ruf, allein zur Vergiftung der Menschheit erfunden zu sein. Oder bei der

Medizin. Je mehr Krankheiten sie besiegt, desto größer wird die Neigung, die Medizin selber zur Krankheit zu erklären. Der menschliche Negativitätsbedarf bleibt konstant, darum disponiert gerade die Entlastung vom Negativen schließlich zur Negativierung des Entlastenden. Da ist:

c) der Satz der Erhaltung des moralischen Empörungsaufwandes. Sicher ein Feld, das die Ethiker noch etwas mehr entdecken müßten, als sie es bislang getan haben. Also der Satz der Erhaltung des moralischen Empörungsaufwandes, verminderte Empörung hier wird ersetzt durch vermehrte Empörung dort. Je mehr Gewissen man ist, desto weniger Gewissen braucht man zu haben. Darum gibt es als Phänomen unserer Welt die Flucht aus dem Gewissenhaben in das Gewissensein. Man erspart sich das Tribunal, indem man es wird. Darum gibt es auch in unserer Welt, wenn ich es richtig sehe, die Kumpanei zwischen Libertinage und Rigorismus. In permissiven Gesellschaften, und wir leben in einer solchen, in permissiven Gesellschaften wird die Permission durch stellvertretende Rigorismen bis hin zur rigoristischen Verteidigung der Permission kompensiert. Indem man beispielsweise zwar die Rechte der Schwachen, etwa die von Randgruppen und Tieren, stark macht, aber zugleich die Rechte der Schwächsten, z. B. von menschlichen Embryos, überhaupt nicht mehr wahrnimmt und nicht einmal mehr für diskussionsbedürftig hält. Das Quantum an moralischer Empörung bleibt so konstant. Je mehr man sie an einer Stelle steigert, desto mehr nimmt sie an anderer Stelle ab. Es gibt einen Entmoralisierungseffekt der Hypermoralisierung und umgekehrt einen Rigorismuseffekt der Libertinage. Wie gesagt, eine vorläufige Überlegung, die genauer untersucht und geprüft werden müßte. Da ist schließlich:

d) der Satz der Erhaltung der Naivität. Er benennt einen Mechanismus, der die anderen unbehaglichen Erhaltungen unbehaglich unterstützt. Die Überzeugung: mir kann das nicht passieren, ich bin ja so reflektiert, die stimmt häufig gerade nicht. Ganz im Gegenteil, je mehr Reflexion man an einer Wirklichkeitsfront konzentriert, desto leichter kommt die Naivität zum Sieg an den anderen. Darum z. B. werden heute gerade die argwöhnischsten Reflexionsprofis so mühelos zu vertrauensseligen und gläubigen Rousseauisten. Die, wie einst Rousseau selber, ausgerechnet den Satz „die

Menschen sind gut“ zur Grundlage eines Verfolgungswahns machen, der die Wissenschaft und Technik dann zur Weltzerstörung ernennt. Insofern gibt es unbehaglicherweise einen Naivisierungseffekt der Reflexion, und der Saldo aus Reflexion und Naivität bleibt, scheint es, unerfreulich konstant. Nota bene: angesichts meiner Ausführungen dürfen Sie gern feststellen, daß das auch bei mir so ist.

Das waren nur einige Hinweise auf ungute Kompensationen, die auch und gerade dort, wo sie zu unbehaglichen kulturellen Erhaltungssätzen führen können, im Kontext einer Kompensationsphilosophie durchaus ins Auge gefaßt werden müssen. Das macht eine Kompensationstheorie allererst realistisch. Sie fällt dann möglicherweise nicht auf jede Kompensation rein und verkündet sie gleich als großen Ertrag und großes Gutes. Und erst, wenn man das macht, die negativen Seiten des Kompensationsgeschehens ins Auge fassen, erst dann darf man auch auf die erfreulichen Kompensationen blicken. Darüber jetzt einige Bemerkungen im letzten, dem Abschnitt

III. Kompensation, Anthropologie, Interdisziplinarität

Ich greife dafür noch einmal auf jenen Zusammenhang zurück, auf den ich in beiden Vorträgen Ihre Aufmerksamkeit lenken wollte, auf den Zusammenhang zwischen Endlichkeit und Kompensation. Im Blick auf die menschliche Endlichkeit hatte ich vor allem die temporale Endlichkeit des Menschen betont. Das Mängelwesen Mensch ist, vita brevis, insbesondere das Zeitmangelwesen. Darum ist der Mensch, der seine Mängel kompensiert, vor allem auch der, der die Kürze seiner Lebenszeit zu kompensieren sucht. Ich fasse hier noch einmal, mich dankbar erinnernd dafür, daß Herr Wagner in seiner Einleitung das schon ganz trefflich prognostiziert hat als These, die ich hier vertreten werde, folgendermaßen zusammen, indem ich auf zwei Möglichkeiten hinweise. Da ist

a) die Schnelligkeit. Wenn die Zeit kurz ist, muß man schnell sein. Wer viel Neues in kurzer Zeit erreichen will, muß schnell sein. Er kompensiert seine Lebenskürze, seine Lebenszeitnot durch Tempo. Er ist also dauernd auf möglichst viel neue Zukunft aus, und sein Kompensationsmittel ist dabei die Lebensbeschleunigung, die dann in der modernen Welt zur Epochensignatur werden kann. Als beschleunigter Fortschritt. Und damit bin ich wieder beim Fortschritt. Wir Menschen halten – auch das ist, glaube ich, bisher zu wenig empirisch untersucht und verdiente doch die empirische Untersuchung –, wir Menschen halten nicht beliebig viele Innovationen aus. Frage: wieviel eigentlich? Wie kann man so was messen oder quasi messen? Und so fort. Wir Menschen halten nicht beliebig viel Innovation aus. Unter anderem gibt es darum heutzutage das Unbehagen an der Schnelligkeit des Fortschritts, und so brauchen wir eben zugleich

b) die Langsamkeit. Wir müssen gleichzeitig schnell und langsam sein. Darum gehört gerade zur schnellen modernen Fortschrittswelt die Ausbildung der Langsamkeitspflege, der Bewahrungskultur. Je mehr in unserer Wirklichkeit sich dauernd ändert, desto größer, scheint mir, wird der Bedarf nach dem, was sich nicht dauernd ändert. Darum erzwingt die Fortschrittswelt, gerade sie, eine kompensatorische Kontinuitätskultur. Ich bin dabei auch wiederum waghalsig in der Beobachtung und Auswertung von Phänomenen. Mir schien die extreme Unbeweglichkeit von Theorien, die auf die Revolution setzten, ein Beleg dafür zu sein. Dauerreflexionspropaganda kann man nur aushalten, wenn man diese Propaganda möglichst unverändert dauernd in der gleichen Form macht. Wodurch sie zugleich dann auch langweilig wird. Je schneller die Zukunft modern für uns das Neue, das Fremde wird, desto mehr Vergangenheit müssen wir in sie mitnehmen. Und dafür, das ist dann wiederum die Konsequenz, und dafür immer mehr Altes auskundschaften und pflegen. Darum wird gegenwärtig zwar mehr vergessen und weggeworfen als je zuvor, niemand kann das leugnen; aber es wird gegenwärtig auch mehr erinnert und respektvoll aufbewahrt als je zuvor. Das Zeitalter der Entsorgungsdeponien ist zugleich das Zeitalter der Verehrungsdeponien, der Museen, der Naturschutzgebiete und Kulturschutzmaßnahmen, also der Denkmalpflege, der Ökologie, der Hermeneutik als Altbausanierung im Reiche des Geistes, des spezifisch modern erst entstehenden historischen und auch ästhetischen Sinns. Das aufregende Phänomen am Ästhetischen ist ja nicht die Innovation, die gehört unabdingbar dazu. Sondern daß, wenn Kunstwerke sich uns erst einmal für sie eingenommen haben, wir sie auch in unserer Schätzung so unendlich langsam erst wieder loswerden. Manchmal gar nicht. Das sind alles Sinne für Kontinuitäten, für Langsamkeiten, und vor allem sind da die Traditionen, die gerade in der modernen, der schnellen Fortschrittswelt begrüßenswert bunt und vielgestaltig perennieren. Übrigens intakter und absterbensresistenter, als man uns weismachen will. Ich meine, die Frage stammt nicht von mir, ich rücke sie nur in den Zusammenhang der Absterbensprognosen, der Mitgliederschwund der Kirchen führt zur Prognose: die Kirchen sterben ab, Religion stirbt ab. Alter Topos. Der Mitgliederschwund der Gewerkschaften führt nicht zu einer ähnlichen Prognose, irgendwie sage ich: Gott sei Dank! Aber man sollte, was man beim einen für richtig hält, beim anderen auch machen und in beiden Fällen sagen: das ist kein Grund, vom Absterben zu sprechen. Ich sage, die Traditionen, die Üblichkeiten, wie ich es häufiger nenne, perennieren intakter und absterbensresistenter, als man uns weismachen will, u. a. deswegen, weil Altes weniger schnell veraltet als Neuestes. Kurz gesagt: Gerade wo es durch Fortschritt besonders schnell wird in der Welt, wird kompensatorisch die Langsamkeit besonders interessant und nötig. Die modernen Menschen, gerade sie, kompensieren die wachsende Wandlungsschnelligkeit eben durch Langsamkeitspflege, durch Bewahrungskultur, zu der auch die ja erst in der modernen Welt als Kompensation ihrer rationalisierungsbedingten Abstraktheiten erst entstehenden Geisteswissenschaften gehören. Bei denen gilt: Je moderner die moderne Welt wird, desto unvermeidlicher werden, selber als Modernisierungspotenzen, die Geisteswissenschaften.

Heute ist es (ich verweise hier nur auf die Denkschrift „Geisteswissenschaften heute" von Frühwald/Jauß/Koselleck/Mittelstraß und Steinwachs, deren Wirkung im Augenblick, glaube ich, erst beginnt), heute ist es schick, außerdem die Modernisierung der Geisteswissenschaften zu verlangen, was ja vernünftig ist, und diese Modernisierung der Geisteswissenschaften als ihre Anthropologisierung zu bestimmen. Womit u. a. gemeint ist, ihre Öffnung für eine Kooperation mit allen Wissenschaften vom Menschen, z. B. den Kernfächern der Medizin, der Biologie u. a., was ebenfalls vernünftig ist, diese Öffnung. Um 1800 herum, in der Romantik, war unter dem Namen Anthropologie zum ersten Mal der Traum erwacht, die bis dahin entstandenen empirischen Wissenschaften sozusagen in einer Gesamtwissenschaft vom Menschen zu sammeln, die man dann philosophische Anthropologie nannte. Aber die Institutionalisierung dieser Gesamtwissenschaft vom Menschen mißlang. Im 19. Jahrhundert zerfiel die Anthropologie, die vermeintliche Gesamtwissenschaft vom Menschen, bevor sie entstehen konnte, einerseits in die Biologie, für die der Mensch, wie Darwin sagte, keine Ausnahme ist, und andererseits in die Geisteswissenschaften, die in Deutschland sozusagen als verspätete Moralistik der verspäteten Nation sich konstituierten. Indes, ich halte diesen Verlauf – man kann das ja bedauernd konstatieren: da war man im Aufbruch zu einer Gesamtwissenschaft vom Menschen, und dann klappt das nicht: schade! nein ich bewerte das anders –, ich halte diesen Verlauf, die Nichtinstitutionalisierung der Anthropologie als Haupt- und Oberzentralfach, ich halte das nicht für ein Unglück. Ganz im Gegenteil. Nicht nur konnten die Geisteswissenschaften sich frei und bunt entwickeln. Nicht nur konnte die Sozialwissenschaft ihre Pubertät wenigstens halbwegs in disziplinärer Quarantäne absolvieren. Sondern auch die Naturwissenschaften vom Menschen konnten sich einigermaßen autonom entfalten, und das ist alles sehr viel wert. Die dabei entstehenden Einseitigkeiten, und die mußten ja entstehen, mußten natürlich kompensiert werden, und das, was man heute die Modernisierung der Geisteswissenschaften durch ihre Anthropologisierung nennt, zielt auf diese Kompensation. Dabei scheint mir (das steht natürlich in der Denkschrift, die ich nannte, im Widerspruch zu ihrer Kompensationskritik, die dort insbesondere in den Beiträgen von Mittelstraß und meinem Freund Hans Robert Jauß zu finden sind), dabei scheint mir die aktuell angemessene Pflege dieser Anthropologisierung, dieses neuzeitspezifischen Motivs zur Anthropologie als Gesamtwissenschaft vom Menschen am Ende unseres Jahrhunderts gerade nicht die Institutionalisierung der Anthropologie als Fach zu sein, sondern ihre Realisierung durch das möglichst vielfältig fachübergreifende, das interdisziplinäre Gespräch. Dieses humanwissenschaftlich interdisziplinäre Gespräch muß nicht erst erfunden und mühsam verwirklicht werden, denn es ist längst wirklich da und gelingt, wie die Erfahrung zeigt, auch die Erfahrung der Hegelwochen, dieses Gespräch gelingt in der Regel ohne spezialisierungsbedingte Verständigungsschwierigkeiten, wenn man diese nicht künstlich erzeugt durch jenen Verständigungsperfektionismus, der der eigentliche Feind der interdisziplinären Arbeit ist. Konsens ist keineswegs immer nötig; viel wichtiger sind produktive Mißverständnisse, meiner Erfahrung nach, und am wichtigsten ist schlichtweg Vernunft, der Verzicht auf die Anstrengung, dumm zu bleiben.

Hier ergibt sich die Chance, den Hinweis auf all die von mir bisher schon genannten Kompensationen durch einen weiteren zu ergänzen. Durch eine Kompensationstheorie der Philosophie. Auch für mich als Philosophenprofi war der statistische Befund zunächst überraschend, daß am humanwissenschaftlich-fachübergreifenden Diskurs überproportional Philosophen beteiligt sind. Ich glaube, Herr Zimmerli kann das bestätigen. Offenbar bringen die Philosophen aus ihrer Fachtradition, einer zweieinhalbtausendjährigen Tradition der Nichteinigung über Grundsatzpositionen, etwas mit, was interdisziplinär nützlich ist, nämlich leben zu können mit offenen Aporien und mit Dissensüberschüssen. Das uralte fachliche Laster der Philosophen, das ihnen auch ständig vorgeworfen wird, ihr chronisches Konsensdefizit, erweist sich als hochmoderne interdisziplinäre Tugend, vor allem als Fertigkeit, Gesprächskonfusionen unentmutigt zu überstehen. Auch sonst sind Philosophen einschlägig nützlich, was ihre Sachzuständigkeit betrifft, denn sie haben ja kein festes Jagdrevier, sondern eine allgemeine Wildererlizenz. Der Philosoph ist nicht der Experte, sondern der Stuntman des Experten, sein Double fürs Gefährliche, und seine interdisziplinäre Nützlichkeit als Diskurskatalysator hängt ja mit dieser Tauglichkeit zusammen, Experten, die ja kostbarer sind als Philosophen, zu doubeln in Situationen, die jenen Riskanzgrad erreichen, den humanwissenschaftlich interdisziplinäre Gespräche nun einmal haben. Um dadurch ihre endlichkeitsbedingten Defizienzen und ihre Gefährlichkeit auszugleichen. Auch die Philosophie, wollte ich damit zum Schluß sagen, auch die Philosophie wirkt hier und so als Kunst der Kompensation. Recht herzlichen Dank für Ihre Aufmerksamkeit!

Menschliche Endlichkeit und Kompensation III

Podiumsdiskussion zwischen Odo Marquard, Hans Michael Baumgartner und Walther Ch. Zimmerli

Zimmerli:

Meine sehr verehrten Damen und Herren, zur abschließenden Podiumsdiskussion, in der wir uns erneut mit menschlicher Endlichkeit und der damit einhergehenden Kompensation befassen wollen, begrüße ich Sie herzlich! Ich bin vollkommen überwältigt davon, wie viele Zuhörer sich hier eingefunden haben; immerhin gibt es in diesen Tagen neben den Bamberger Hegelwochen noch ein anderes kulturelles Großereignis zu bestaunen: die Fußball-WM in den USA, und gerade heute spielt ja wieder die deutsche Nationalmannschaft. Das bringt mich zur Vorstellung des Podiumsteilnehmers, der heute neu dabei ist: Hans Michael Baumgartner, seines Zeichens Lehrstuhlinhaber für Philosophie an der Universität Bonn. Neben vielem anderen verbindet uns drei auf dem Podium der Fußball und das Wort ‚transzendental'.

Zunächst zum Fußball: Odo Marquard und ich sind passionierte Passiv- oder Lehnstuhl-Fußballer. Das beherrscht Hans Michael Baumgartner aus gutem Grund nicht so wie wir, wie eine kleine ‚wahre Geschichte' Ihnen demonstrieren mag: Ich erinnere mich noch gut daran, daß wir vor acht Jahren gemeinsam das Fußball-Weltmeisterschaftsendspiel Deutschland – Italien (man sollte vielleicht korrekter nach dem Ausgang sagen: Italien – Deutschland) angesehen haben, und ich weiß noch, wie verzweifelt Hans Michael Baumgartner war. Der Grund dafür ist ganz einfach: Hans Michael Baumgartner ist nicht nur einer der profiliertesten Philosophen in der Bundesrepublik, sondern er ist auch, soweit ich weiß, der einzige, der jemals Fußballspieler in der höchsten deutschen Spielklasse – damals hieß das noch Oberliga, heute heißt es Bundesliga – war. Sie werden gleich nachher sehr viel mehr Anlaß haben zu applaudieren, wenn Sie seine ersten Argumente gehört haben, die sind noch sehr viel stärker als seine Kopfballtore!

Wie gesagt, es freut mich besonders, daß es gelungen ist, drei in diesem Ausmaß profilierte Fußballfreunde unter den Philosophen an einem Abend wie diesem zusammen an einen Podiumsdiskussionstisch zu bringen. Allerdings haben wir beschlossen, daß man die Dinge nicht übertreiben soll. Wir werden deshalb, so ist jedenfalls die Planung, die Diskussion so terminieren, jedenfalls ungefähr, daß wir, bevor das andere große Ereignis des heutigen Abends beginnt, fertig sein werden. Man hat aus den Vereinigten Staaten darum gebeten, daß wir rechtzeitig Schluß machen! Jedoch soll darunter der alte Hegelwochenbrauch nicht leiden, der darin besteht, daß wir nach der Podiumsdiskussion uns jeweils zum persönlichen Gespräch auf einen Bierkeller begeben. Es ist allerdings auch dafür gesorgt, daß auf diesem Bierkeller Möglichkeit zum Fernsehen besteht; es handelt sich, wie Sie aus dieser Beschreibung entnehmen können, um den Wilde-Rose-Keller, wie die anderen Bamberg-Experten hier wissen.

Im übrigen, habe ich gesagt, verbinde die drei hier auf dem Podium Sitzenden das Wort ‚transzendental'. Sie wissen alle, daß Odo Marquard sich selbst – er kann es unterdessen wahrscheinlich schon nicht mehr hören, so oft wird er damit adressiert – als ‚Transzendentalbelletristen' bezeichnet hat, und hier sitzt mit Hans Michael Baumgartner ein waschechter Transzendentalphilosoph, so daß wir einen Transzendentalbelletristen und einen Transzendentalphilosophen aufeinanderhetzen, und ich selbst als weder Transzendentalbelletrist noch Transzendentalphilosoph, sondern unterdessen abtrünnig gewordener gelernter Analytiker und Hegelianer, werde also versuchen, so einigermaßen mitzustreiten, wo es um wichtige Dinge geht!

Wir wollen das etwa so halten, daß wir, weil zuviel Ordnung solchen Diskussionen nicht gut tut, mit einem Minimum an Strukturierung auskommen wollen; wir möchten uns nämlich in einer ersten Hälfte der Diskussion stärker mit den anthropologischen Elementen des Themas, also mehr mit der Endlichkeits- und Kompensationsfrage, befassen und in einer zweiten Hälfte dann stärker auf die geisteswissenschaftstheoretische Debatte, die Odo Marquard in seinem zweiten Vortrag angesprochen hat, zu sprechen kommen. Am Schluß der Diskussion werden wir, wie üblich, Ihnen die Möglichkeit geben, Ihre Fragen, die Sie noch stellen wollen, loszuwerden, vielleicht reicht die Zeit dann sogar noch, daß wir auch Antworten vom Podium auf diese Fragen bekommen.

Soviel zur Vorstrukturierung. Wir beginnen damit, auch das ist unterdessen bereits guter alter, also guter Brauch, daß wir den Hauptredner der Hegelwochen, Odo Marquard, noch einmal bitten, sofern er denn möchte, uns mit ein paar knappen Sätzen in seine philosophische Position einzuführen, genauer gesagt, daran zu erinnern, was Sie bereits von ihm gehört haben, und dann wollen wir Hans Michael Baumgartner die Möglichkeit geben, etwas ausführlicher, weil er bisher die Möglichkeit noch nicht hatte, seine Überlegungen dazu darzustellen und an Odo Marquard anzuknüpfen. Ich selbst werde mir dann erlauben, meinerseits Stellung zu nehmen und aus der Rolle des Diskussionsleiters soweit wie möglich herauszutreten, dann wollen wir anschließend einfach ein Gespräch zu dritt führen. Bitte, Odo Marquard!

Marquard:
Recht schönen Dank. Meine Damen und Herren, ich habe eigentlich drei Möglichkeiten, anzufangen: Die erste Möglichkeit wäre, meine beiden Vorträge jetzt noch einmal zu halten. Wird aber etwas zu lang sein. Die zweite Möglichkeit besteht darin, Sie auf die ausgezeichneten Berichte der Vorträge auch im Fränkischen Tag hinzuweisen, und – ich weiß nicht, habe ich jetzt irgendein Konkurrenzblatt, das ich jetzt nennen müßte, vergessen?

Zimmerli:
Nein. Der Fränkische Tag hat keine Konkurrenz!

Marquard:
Ja, und die dritte Möglichkeit ist, wirklich in ganz kurzen Sätzen, eigentlich in zwei Sätzen, zu sagen, worum es mir ging. Ich möchte daran erinnern, daß der Titel beider Vorträge „Menschliche Endlichkeit und Kompensation“ hieß. Es ist nicht unbedingt Brauch, bei den Hegelwochen zweimal etwas zu referieren, was unter dem selben Titel steht. Ich muß einfach sagen, ich bin zunächst auf keine andere Idee gekommen und dachte, zwei Vorträge, das ist die kürzestmögliche Vorlesungsreihe, bestehend aus zwei Vorlesungen, und das habe ich dann gemacht. Habe dabei zwei Themen, menschliche Endlichkeit einerseits und Kompensa-

tion andererseits, zusammengespannt, nicht weil ich das große philosophische System in Arbeit habe, das etwa so heißen würde, sondern weil es in beiden Fällen um Komplexe geht, die mich interessieren. Und wenn ich denn schon einmal Gelegenheit habe, nicht nur einen, sondern zwei Vorträge zu halten, dann liegt es vielleicht doch plausiblerweise nahe, die Gelegenheit zu benutzen, sich selber die Frage vorzulegen, was haben denn beide Komplexe miteinander zu tun?

Und manchmal ist es ja in der Philosophie so eingerichtet, daß tatsächlich sich herausstellt, daß zwei Fäden, die man verfolgt, schließlich im selben Knoten enden, und ich habe ein bißchen den Eindruck, daß es hier vielleicht der Fall gewesen ist. Menschliche Endlichkeit habe ich primär im ersten Vortrag diskutiert und habe aber dort das Thema Kompensation schon angedeutet. Die These meines Vortrages fundierte im Grunde die Thesen jener Anthropologen oder Philosophen, die vom menschlichen Mängelwesen sprechen und sagen, weil der Mensch endlich ist, darum braucht er Kompensationen. Die Endlichkeit habe ich dann versucht, in etwa zu definieren. Definieren ist vielleicht das falsche Wort, ich gebrauche gern die Rede vom Steckbrief mit den besonderen Kennzeichen, der ja dafür da ist, daß man Verbrecher auch wirklich fangen kann. Also einen Steckbrief dessen, was Endlichkeit genannt sein könnte und sei, zu erstellen, und habe dort von den Machtgrenzen aus, von den Raumgrenzen aus und von den Zeitgrenzen aus die Endlichkeit bestimmt und die menschliche Endlichkeit dann primär von der Zeit her so bestimmt, daß der Mensch als Zeitmangelwesen vielleicht etwas greifbar wird. Und dazu gehören dann Kompensationen.

Diese Kompensationen – vielleicht darf ich gleich übergehen zum zweiten Vortrag – habe ich dann exemplifiziert in besonderer Weise an dem Zusammenhang zwischen der modernen Bestimmtheit der Welt durch den Fortschritt einerseits, durch Defektlagen, Probleme, krisenhafte Entwicklungen des Fortschrittsgedankens andererseits und die Notwendigkeit, die dadurch entsteht für den Menschen, Kompensationen zu finden, die seine Fortschrittsbestimmtheit durch eine Bewahrungsbestimmtheit, seine Schnelligkeit durch eine Langsamkeit ausgleicht oder auszugleichen versucht.

Und ich habe dann dort in diesem Zusammenhang, wo ich eine ganze Reihe von einschlägigen Phänomenen genannt habe, ohne jede Vollständigkeitsprätention übrigens, von dort her auch das Problem der Geisteswissenschaften angesprochen, das ja insofern gewissermaßen den Anstoß für mich gegeben hatte, dieses Thema zu wählen, weil ich vor neun Jahren hier in Bamberg die Kompensationstheorie der Geisteswissenschaften in dem Vortrag über die Unvermeidlichkeit der Geisteswissenschaften vor der Westdeutschen Rektorenkonferenz, die damals so hieß, entwickelt habe. Ja, menschliche Endlichkeit erzwingt Kompensationen für den Menschen; und beim Menschen gehört zu den Kompensationen die Kompensation des Fortschritts selber, die Bewahrungs- oder Kontinuitätskultur und in diesem Zusammenhang die Geisteswissenschaften. Das etwa ist das, was ich entwickeln wollte, und ich denke, daß, wenn ich jetzt von zwei Seiten angegriffen werde, das sicher für mich stabilisierender ist, weil, wenn ich nur von einer Seite angegriffen wäre, dies das sofortige Umfallen zur Folge hätte, aber der Angriff von der einen Seite wird kompensiert durch den Angriff von der anderen Seite, und vielleicht habe ich dadurch eine Chance.

Zimmerli:
Herzlichen Dank. Nun Hans Michael Baumgartner!

Baumgartner:
Herzlichen Dank für die Einladung, meine sehr verehrten Damen und Herren! Ich möchte nicht einen Angriff starten, sondern ich möchte Fragen stellen, und zu Fragen gehört, daß man sich vorher über manches schon einig ist. So bin ich mir einig mit Odo Marquard in seiner Darlegung der Geschichte, der Begriffsgeschichte des Kompensationsbegriffes, die er vor Jahren im Historischen Wörterbuch der Philosophie, das der verstorbene Joachim Ritter primär herausgegeben hat, geschrieben hat, und ich stimme vielen der Charakeristika zu, die er in seinem Artikel ‚Homo compensator', der Mensch als kompensierendes Lebewesen, aufgeschrieben hat, veröffentlicht in dem Kongreßband des Innsbrucker Philosophenkongresses und dann später in dem empfehlenswerten Diskursband von Oelmüller ‚Diskurs Mensch'. Da finden Sie diesen Beitrag als letzten. Und ich bin mit vielem einverstanden, was Odo Marquard hier vorgetragen hat, d. h. auch mit dem Ansatzpunkt, den Menschen von der Mängelhaftigkeit her zu lesen.

Die Frage, die ich an dieser Stelle dann stellen werde, deute ich schon an, damit Sie das, was ich dann zwischendurch noch zunächst sage, auch in die richtige Ordnung bringen können. Die Frage wird sein, ob man die Mängelhaftigkeit und den Zwang zur Kompensation beim Menschen nicht auch, vielleicht sogar zweckmäßiger vom Begriff einer endlichen Vernunft her konzipieren könnte. Walther Zimmerli hat ja schon darauf hingewiesen, daß ich als Transzendentalphilosoph gelte, ich möchte lieber sagen: mir schwebt eine Philosophie des kantischen Typs vor. Ich bin also kein Kantianer und kein Fichteaner und kein Schellingianer und kein Hegelianer, sondern mir schwebt eine Philosophie dieses kritischen Typs, den Kant der Philosophie gemacht hat, vor, und daher auch meine Vorliebe, die Dinge, die Odo Marquard von Helmut Plessner, z. B. die exzentrische Positionalität als Wesensbestimmung des Menschen, her denkt, u. a. eher von einem Begriff der endlichen Vernunft aus zu denken.

Odo Marquard hat in seinem Vortrag drei bestimmte Sachverhalte im Hinblick auf das Wesen des Menschen, mit dem wir uns zunächst mal befassen wollen, vorgestellt, nämlich (1.) den Machtmangel des Menschen oder die Ohnmacht, (2.) den Raummangel des Menschen, d. h. die Nichtubiquität, das Nichtüberallseinkönnen des Menschen und (3.) den Zeitmangel, auf den er dann speziell Gewicht gelegt hat. Die Kompensation ist jeweils von ihm dargestellt worden: Der Machtmangel wird durch Fortschritt kompensiert, der Raummangel durch Mobilität und der Zeitmangel durch Kommunikation. Ich wiederhole das nur, weil ich an dieser Stelle ansetzen möchte mit der Frage: Mängelkompensationswesen ja, aber gehört dies zu den wesentlichen Mängeln, daß wir nicht ubiquitär sind? Ich weiß nicht, ob das uns heute als ein wesentlicher Mangel vorkommt, auch als ein Mangel, der vielleicht durch Raumfahrt oder ähnliches überhaupt beseitigt werden kann. Der kann ja nicht beseitigt werden.

Und hier eine Nebenbemerkung zu Helmut Plessner: Plessner hat den Menschen ja definiert über ein bestimmtes Selbstverhältnis zu seiner Raumgrenze. Die exzentrische Positionalität ist gleichsam das Hinaustreten über den eigenen Raum, das Sehen der Begrenztheit und damit die Frage, was damit anzufangen sei, wie zu kompensieren sei. Sind es also die wesentlichen Mängel? Wenn es noch wesentlichere gäbe, denn daß wir nicht Gott sind, der erste Mangel, ist auch verhältnismäßig, also wie soll man sagen, plausibel und rührt vielleicht auch niemanden. Vielleicht rührt nur einen spekulativen Philosophen dieser Mangel des Menschen, nicht Gott zu sein. Wenn ich an Hegel denke – Walther Zimmerli hat ja in seiner Einführungsrede auf Hegel verwiesen –, dann könnte man ja sagen: für Hegel muß das wichtig gewesen sein, aber ob es für uns wichtig ist, das ist die zweite Frage. Wenn uns also diese wesentlichen Mängel nicht kennzeichnen, Mensch ist nicht Gott – Gott ist nicht Mensch; denn umgekehrt gilt das natürlich auch; und wir sind nicht ubiquitär, so sehr wir uns auch bemühen mögen, können uns vom Körper her nicht ins ganze Universum ausdehnen, dann bleibt vielleicht nur der Zeitmangel als ein entscheidender Mangel übrig, und dann kann man auch fragen, ob es die wesentlichen Kompensationen sind, die mit Fortschritt und Mobilität angesprochen wurden. Kurzum: das wäre eine erste Anfrage, die im Rahmen meiner Überlegung in Richtung auf Vernunft, auf endliche Vernunft geht: Was also sind die wesentlichen Mängel?

Und sie ist gefolgt von einer zweiten Anfrage, die das Verhältnis von Kompensation zu Vernunft betrifft. Sind im Rahmen der Mängelbeseitigung, der Mängelkompensation Vernunft und Moral – beides sind für mich zwei zentrale Charakteristika und Handlungsfelder des Menschen, die eng miteinander verknüpft sind – nur Instrument der Mängelbewältigung, oder sind beide selber nur Kompensationen von bestimmten Mängeln? Oder verhält es sich vielmehr so, daß beide allererst diejenigen Sachverhalte, Tatbestände überhaupt sind, unter denen uns der Mensch als Mängelwesen erscheint? Brauchen wir nicht Vernunft schon als Bedingung, um zu erkennen, daß wir Mängelwesen sind? Dies wären also die ersten Anfragen.

Zimmerli:
Herzlichen Dank! Ich hatte vorhin schon angekündigt, daß ich mir erlauben werde, auch eine erste Frage zu stellen, so daß Herr Marquard dann die Möglichkeit hat, unter zwei ersten Fragen zu wählen. Ich setze am selben Punkt an wie die Frage von Hans Michael Baumgartner und nuanciere sie etwas anders. Gewiß, die anthropologische Bescheidenheit des reflektierenden Philosophen

bringt ihn dazu oder macht ihn mindestens dazu geneigt, die These vom Mängelwesen zu akzeptieren. Aber ich frage mich, ob das eine hilfreiche Beschreibung ist. Was bedeutet denn das Denken in kompensatorischen Modellen oder in Modellen, in denen ein Zuviel auf der einen Seite durch ein Zuwenig auf der anderen Seite oder umgekehrt ausgeglichen wird? Das bedeutet doch ein Denken in Gleichgewichtsmodellen, in denen der Gleichgewichtszustand das Ziel ist, auf das hin die Rekonstruktionsarbeit des Denkens ausgerichtet ist. Damit wird aber gleichsam die Innovationslast immer dem anderen, dem zweiten nicht erwähnten Partner der gedanklichen Rekonstruktion zugeschoben.

Mit anderen Worten: Kompensationstheorien oder Kompensationsthesen setzen immer etwas anderes, nämlich die Position von jemandem, der für Ungleichgewicht gesorgt hat, voraus. Sie sind insofern ihrerseits reaktiv oder kompensatorisch. Deswegen lautet meine Frage eigentlich: Woher kommt die Innovation, woher kommt das Ungleichgewicht, woher kommt das Neue? Oder Plessner einmal etwas anders gelesen: Was ist eigentlich die Ekzentrizität der Position, die die menschliche Position bedeutet, wenn nicht dies: sich selbst in einer gewissen Weise – wie es dann die existenzphilosophische Tradition ausgedrückt hat – sich selbst in einer gewissen Weise transzendieren zu können. Also sich selbst immer schon voraus sein zu können. Und ist nicht dieses „Sich-selbst-immer-schon-voraus-sein-Können" die Bedingung der Möglichkeit dafür, dieses Sich-selbst-voraus-sein-Können nachher wieder kompensieren zu müssen?

D. h. ich lege den Akzent eigentlich mehr auf die andere Seite, mehr auf Freiheit im Sinne von Transzendenz. Und dann frage ich mich in der Tat, ob Zeitgrenze eigentlich eine Grenze, also ein Mangel ist? Was ist denn Zeit, von der wir als Endlichkeit, d. h. als der zeitlichen Grenze sprechen? Wenn wir die Dialektik von Grenze und Schranke, die wir von Hegel her kennen, ins Spiel bringen, dann ist Grenze ja eben etwas, das deswegen, weil es als solches erkannt ist, immer schon überwunden ist. „Immer schon" – man ist sich selbst, um die Formel noch mal zu verwenden, immer schon einen Schritt voraus, indem man seine Endlichkeit als solche setzt und damit erkennt. Und das heißt konkret gesprochen: Hieraus erklärt sich, warum wir nicht von zeitlicher Begrenztheit im engeren Sinne sprechen können, ohne zu sagen, wie diese zeitliche Begrenztheit sich denn in den unterschiedlichen Ekstasen der Zeit, wie wiederum die Existenzphilosophie das nennt, auswirkt. Und da stellen wir plötzlich fest, daß die eigentliche Möglichkeit, d. h. eben gerade nicht die Begrenztheit, sondern die Transzendenzmöglichkeit, also das Sich-selbst-übersteigen-Können, darin liegt, daß Zeit asymmetrisch begrenzend ist.

Vergangenheit und Gegenwart sind – das wußte schon Aristoteles und hat deswegen eine entsprechende logische Theorie darüber gemacht – in einer vollständig anderen Art als Zukunft begrenzend für die Menschen. Zukunft hat den kategorialen Charakter der Möglichkeit und setzt damit den Gestaltungsrahmen, ja damit den Gestaltungsauftrag. Zukunft ist also nicht eine Grenze, sondern Zukunft ist geradezu die Entgrenzung der Möglichkeit, die, durch Gegenwart und Vergangenheit in krude Wirklichkeit geronnen, zur Gestaltung gleichsam nicht mehr zur Verfügung steht. Insofern wäre also meine Frage, die hier als „zweite erste" Frage an die Adresse von Herrn Marquard geht, ob nicht diese Lesart der Ekzentrizität, die zugegebenermaßen ex post aus einer Ungleichgewichtslesart von Zeit entsteht, geradezu eine Entgrenzung und damit eben gerade nicht die Kompensation, sondern die freiheitliche Vorleistung, die Kompensation erst erforderlich macht, also das Abweichen vom Gleichgewicht darstellt? Und jetzt sind Sie dran, Herr Marquard!

Marquard:
Jetzt soll ich also die Fragen alle beantworten? Vielleicht, nein das ist nicht Kneifen, wenn ich sage, die Kompensationstheorie, das wird mir nicht erst heute deutlich, ist vermutlich nicht alles in der Philosophie. Und von dieser Meinung werde ich auch nicht abrücken, nur um meinen Widersachern zu widerstehen. Sondern es ist ein Aspekt, der vielleicht ein fruchtbarer sein kann; und es gibt sicher andere, die ebenso und vielleicht noch mehr verfolgt werden müssen. Die Frage von Hans Michael Baumgartner war ja in der zugespitzten Form gestellt folgende: Die Mängel, die durch Fortschritt und Mobilität kompensiert werden, sind vielleicht nicht sehr zentral. Ich würde sie etwas verschieden gewichten: die Kompensation der Raummängel und die Kompensation der Machtmängel. Da scheint mir bei den Machtmängeln ein ge-

wisses Übergewicht zu liegen, aber sicher sind die bei mir diskutierten Hauptmängel, wesentlichsten Mängel, die Zeitmängel. Auch diejenigen, die mich am meisten interessieren. Mich hat nur interessiert, diese noch in ein weiteres Umfeld zu stellen und mal zu sehen, welches das ist. Vielleicht kann man das Umfeld ja erweitern. Sind das nun wesentliche Mängel, welches wären wesentlichere Mängel? Und welches wären wesentlichere Kompensationen, wenn man sie als Kompensationen interpretieren will? Du hast im Grunde gesagt, das wesentlichste Feld für den Menschen – ich sage nicht Mängelfeld, das würde dann vermutlich daraus folgen – ist das Feld der Moral und Vernunft. Und gerade da kommt man mit der Kompensationstheorie vielleicht nicht weiter, weil die Kompensationstheorie die Moral, wenn sie nur als Kompensation interpretiert wird, doch etwas relativiert und bei der Vernunft ebenso.

Das, glaube ich, muß ich einfach zugeben. Das ist so. Und vielleicht, ich sage gleich, daß ein Gewinn aus der Frage für mich schon ist, zu begreifen, warum ich gerne, wenn ich in Moraldiskussionen eintrete, gemilderte Formen von Moral thematisiere. Also eben Üblichkeiten, die ja als Üblichkeiten, also Üblichkeiten ist das Alltagswort für das, was sonntäglich gesagt Tradition genannt wird. Traditionen sind Üblichkeiten im schwarzen Anzug mit Silberschlips, so ungefähr, Üblichkeiten sind Traditionen im Overall. So könnte man das vielleicht etwas salopp formulieren, und ich gehe nun auf die Üblichkeiten und Traditionen gerne ein, weil die am ehesten als Kompensationen beschrieben werden können. Unter anderem deswegen. Und ich meine, das steht im Zusammenhang eines kritischen Einspruchs gegenüber Positionen, die diese Üblichkeiten gar nicht wahrnehmen. Und gar nicht als zur Moral gehörig bedenken. Das würde ich aber nicht dir zum Einwurf machen, sondern dazu bist du ein Vertreter der Philosophie der endlichen Vernunft, ich betone ein wenig ‚endlich'. Es gibt ja aber auch Philosophen der unendlichen Vernunft, also wo die Endlichkeit im Grunde vergessen wird und nicht vorkommt und verdampft. Und da müßte ich dieses dann als Argument bringen.

Baumgartner:
Also wenn es dir recht ist, dann antworte ich erst einmal. Den Vernunftbegriff und Moralbegriff habe ich natürlich nicht wie ei-

nen „deus ex machina“ gemeint, das ist klar. Wenn man sich überlegt, daß du von unguten Kompensationen sprichst und von guten Kompensationen, dann bedarf es ja doch wohl einer Art Kriterium. Ich will das nicht zu scharf formulieren als Kriterium, das man irgendwo schnell ablesen könnte, so meine ich es nicht! Aber es bedarf doch so etwas wie einer Unterscheidungsmöglichkeit zwischen guten und schlechten Kompensationen, und deswegen komme ich in diesem Zusammenhang auf Vernunft und Moral, denn die Erhaltungssätze, die du da formuliert hast, haben ja alle negative Bedeutung, und sie kann man ja doch nur als negativ ansehen, wenn man auch weiß, was eine gute oder eine angemessene Kompensation wohl wäre. Das nur als Zwischenerläuterung, damit der Vernunftbegriff nicht wie ein Popanz in der Luft hängt.

Marquard:
Gut. Ich mache einen kleinen Einspruch, ein kleines Bedenken geltend. Daß man das, was das Gute ist, wissen muß, um das, was das Schlechte ist, meiden zu wollen.

Baumgartner:
. . . wissen muß?

Marquard:
. . . das ‚muß‘ muß nicht sein.

Baumgartner:
Einverstanden.

Marquard:
Und man könnte ja auch sagen, wenn es brennt, laufe ich raus, einfach deswegen, weil es heiß ist, weil es unangenehm wird. Und nicht, weil ich zunächst mal mich überzeugt habe, daß es draußen für mich besser und gesünder aussieht. Also wir müssen nicht unbedingt das Positive als Maßstab des Negativen haben. Sondern es kann auch umgekehrt sein, daß man das Negative als Negatives erfährt und einfach dann durch Flucht zeigt, daß es das Negative ist. Auch da würde ich sagen, da sind nicht alle Probleme weg. Das ist klar. Also ich wollte zunächst einfach dafür dankbar sein, daß mir klar wird, warum ich auf eine etwas niedriger gehängte Moral meine Aufmerksamkeit gerichtet habe, damit ist nicht eine

Verteidigung erster Klasse gelungen, das ist völlig klar. Ich gebe gerne zu, daß ich Probleme habe mit unbedingten Standpunkten, und zwar auch und gerade mit unbedingten Moralstandpunkten, das berührt ein Problem, das ich gleich in der Antwort auf Herrn Zimmerli ebenfalls aufgreifen möchte.

Und die Frage ist: wie kriege ich einen solchen Standpunkt der unbedingten Moral, wo ist die bei mir eventuell angelegt, sicher nicht in der Kompensationstheorie, sondern in meinem Vortrag allenfalls, in dem Satz oder Satzende, wenn ich mich richtig erinnere, gleich zu Anfang beider Vorträge, wo ich gesagt habe, daß die Kompensation auch etwas mit der Freiheitsseite der Endlichkeit zu tun hat. Ich hatte das kaum hingeschrieben, da war mir schon klar, daß ich mir sagen mußte: Und was ist nun, wenn die mich fragen, was die Freiheitsseite der Endlichkeit ist? Dann komme ich schon etwas in Schwierigkeit, müßte weiter daran basteln, aber das ist vielleicht an dieser Stelle noch zu früh. Jetzt die zweite Frage, da es von Herrn Zimmerli im Grunde zwei Fragen waren, die vielleicht auch zu einer zusammengefaßt werden können: Ist die These vom Mängelwesen überhaupt hilfreich, und ist das Kompensationsdenken hilfreich? Hält es sich nicht im Gleichgewichtsmodell? Ja, das tut es. Das ist einfach zuzugeben. Es ist ja so, daß seit es das Kompensationsdenken gibt, zwei Metaphern für die Kompensation insbesondere wichtig geworden sind. Das eine ist die Waage auf französisch, wenn ich richtig informiert bin, ‚la balance', welches wiederum zu übersetzen ist mit ‚das Gleichgewicht'. Womit wiederum die Bilanz zu tun hat. Und das zweite ist das Pendel. Das ist eine verzeitlichte Waage, könnte man sagen, und in diesem Zusammenhang zu sehen. Aber nun würde ich sagen, daß solche Metaphern in der Philosophie zu haben vielleicht nicht schlecht ist.

Ich neige dazu, vielleicht etwas übertreibend zu sagen, jede Philosophie ist metaphernpflichtig, und das zu erläutern analog zum Satz über das Rezept, einen Grog zu machen, wo es ja heißt: Rum muß, Zucker soll, Wasser darf sein. Und in der Philosophie könnte man vielleicht ähnlich sagen: Ich fange lieber von der anderen Seite an, dann ist es spannender! Also noch mal: Grog – Wasser darf, Zucker soll, Rum muß sein. Bei der Philosophie: Formalisierung darf, Terminologie soll, Metaphorik muß sein, denn sonst lohnt es nicht, dort nicht das Trinken, und hier nicht das Philosophieren! Also für Metaphern bin ich immer zu haben, und insofern das Argument geht, daß das Metaphern sind, würde ich das verteidigen und sagen, das gehört zu jeder Philosophie. Lieber Herr Zimmerli, wo sind Ihre Metaphern? Zeigen Sie, jetzt hätte ich beinahe gesagt: ‚Bamberger Roß und Bamberger Reiter'!

Jetzt ist aber folgendes, daß Sie ja nicht etwa gegen das Modell, nicht gegen die Metapher Ihre Einwände und Fragen formuliert haben, sondern in der Tat gegen die Bestimmung der Endlichkeit durch Kürze des Lebens, wenn ich das richtig sehe. Sie sagen: die Kürze des Lebens, auch wenn man sie, vielleicht rühre ich da schon etwas durcheinander, weil meine Antwort sich in Ihre Frage hineinschiebt, wenn ich die Endlichkeit von der Zeit her als Sein zum Tode fast heideggerisch bestimme, dann habe ich ja eine merkwürdige Zeitgrenze vor mir, nämlich eine solche, über die man schon hinausläuft, um sie zu begreifen. Frage für mich selber: Ist das Vorlaufen zu der Zeitgrenze Tod nicht jenes Vorlaufen in das Vorbei, das Heidegger 1923/24 in dem Vortrag „Der Begriff der Zeit" vielleicht doch deutlicher als in „Das Sein zum Tode" geltend gemacht hat, und hängt nicht unsere exzentrische Positionalität, auch unsere Freiheit, unsere Distanz zu uns selber damit zusammen, daß die Menschen diejenigen Lebewesen sind, die in der Tat durch den Tod aus sich selber und durch das Vorlaufen auf den Tod der Möglichkeit nach aus sich selber rausgeschmissen werden, und dann gewissermaßen von außerhalb ihrer selbst, ihrer internen Lebensgrenzen auf sich selber reflektierend sich beziehen. Wenn Sie das geltend machen würden, dann würde ich sagen, das ist anschließbar an die These über die menschliche Endlichkeit, die ich mit Blick auf den Zeitmangel vertreten habe, und das ist in etwa der Weg, den ich mir auch selber suche, wenn ich so von meinen Spinnereien den Weg zu Plessner finden möchte und dabei Heidegger ein bißchen mitnehmen will.

Wobei ich gerne zugebe, daß für mich diese Seite zunächst unterbelichtet ist, es ist ja merkwürdig. Ich bin an sich vom deutschen Idealismus ausgegangen, von Kant ausgegangen. Ich glaube nicht, daß es ehrenrührig ist zu sagen, als Joachim Ritter mir insbesondere klargemacht hatte, daß es galt, von Kant Abschied zu nehmen und zu Hegel überzugehen, daß mir da fast die Tränen gekommen sind. Und als ich dann von Hegel weiterging, das war schon eher im Dunstkreis unserer Schule, und Henning Ritter hatte ja in der FAZ seinerzeit nicht zu Unrecht die Bemerkung gemacht, daß es die Ritterschule nie gegeben hat, deswegen weil sie nur darin einig waren, etwas zu tun, was Joachim Ritter für an sich unfruchtbar gehalten hat, nämlich sich in der Kunst zu üben, einen besonders weiten Bogen um Hegel zu machen. Das war sicher richtig, und insofern ist das Hinausgehen über Hegel vielleicht nicht so dramatisch gewesen wie das Hinausgehen über Kant. Jetzt werde ich wieder konfrontiert mit meiner eigenen Handschrift, mit meiner Unfähigkeit, sie zu lesen, Herr Zimmerli. Die zweite Frage dieser Gesamtfrage, könnten Sie mir die noch mal sagen?

Zimmerli:
Nun, im Grundsatz knüpft sie an an das, was Sie eben gerade freundlicherweise schon bei der ersten Frage beantwortet haben, nämlich an die kategoriale Bestimmung der Differenz zwischen Zukunft auf der einen und Gegenwart und Vergangenheit auf der anderen Seite. Also ich versuche, eine interne Differenz in dem geltend zu machen, was wir bisher global die Endlichkeit des Menschen genannt haben.

Marquard:
Ich will auf die erste Teilfrage von Ihnen antworten, die sich auf das Problem der Innovationslast bezog. Und Sie sagen, eine Kompensationstheorie kann im Grunde nur reaktive Aktionen des Menschen gelten lassen. Wo liegt die Innovation? Nicht bei der Kompensation, sondern immer bei derjenigen Seite, die kompensiert wird. Und das bedeutet eine grundsätzliche Nachträglichkeit der Kompensationen, und das kann nicht sein. Da würde ich widersprechen. Ich würde sagen, Menschen sind grundsätzlich, darf ich das als „Abschied vom Prinzipiellen“ geschrieben Habender überhaupt so von mir geben? Aber – das Wort grundsätzlich kann ja auch noch anders gehört werden – Menschen sind solcher Art, daß sie immer hinterher kommen. Also Hegels „Die Philosophie kommt spät“ ist ja nur eine Teilaussage über den Menschen. Der kommt auch immer spät. Der kommt immer hinterher, nämlich nach anderen Menschen. Und insofern ist das, was Menschen machen, immer reaktiv, würde ich sagen. Die Reaktivität der Kompensation ist nicht unbedingt eine Ausnahme, sondern ist zunächst mal, was

für den Menschen außerordentlich generell gilt: daß er hinterher, daß er danach kommt. Er ist ein Danachkommer. Und insofern würde ich das nicht als sehr zentrales Argument gegen die Kompensation gelten lassen, würde aber mich einlassen auf eine Diskussion, wo mehr Innovation steckt? Natürlich sind Kompensationen auch Innovationen. Da wird ja was Neues gemacht gegenüber dem, was vorhanden ist. Insofern sind Kompensationen Innovationen, und auch das, was Defizienzen erzeugt, ist als Innovation lesbar. Also das würde ich schon meinen. Erster Punkt der Antwort: Grundsätzliche Nachträglichkeit des Menschen, das Hinterherkommen als Grundverfassung der Menschen.

Der zweite Punkt: Kompensationen können gerade auch dann, wenn sie reagieren, innovativ sein, sogar besonders innovativ sein. Sie können in der Tat Fortschritte sein. Das ist ein heikles Feld, ich habe das in den Vorträgen eigentlich nicht angesprochen, ich habe es deswegen nicht angesprochen, weil ich dadurch über die Verwirrung hinaus, die ich ohnehin schon gestiftet habe, sicherlich noch sehr viel mehr Verwirrung angerichtet hätte, wenn ich das aufgegriffen und diskutiert hätte. Das kann man, glaube ich, nur zumuten in kleinerem Kreise in längerer Form, wenn man so wenig klar in dieser Sache ist, wie ich es im Augenblick noch bin, d. h. ich bin in fast allen Sachen ziemlich unklar, aber das wird sich auch bis zu meinem Tod kaum ändern. Aber ich bin einfach unordentlich, das hatte ich ja schon gesagt, und wenn man unordentlich ist, dann hat das etwas Verwirrendes an sich. Und wenn ich das Doppelspiel – darf man da Doppelpaß sagen, Michael? – zwischen Fortschritt und Kompensation weiterspiele . . .

Baumgartner:
Wenn irgendwo ein Tor steht, schon!

Marquard:
Also ein Tor steht schon irgendwo, aber es steht nicht fest. Gut, ich lasse es erst einmal dabei bewenden, und es ist ja gut, wenn auch mal wieder die Vernunft dran ist.

Zimmerli:
Wir können das jetzt so machen, daß wir einfach nach der Reihenfolge des Angesprochenseins vorgehen. Bitte, Hans Michael!

Baumgartner:
Gut. Dann möchte ich sagen, ich habe eigentlich mit dem Begriff des Schöpferischen einer Kompensation keine Schwierigkeit. Unabhängig davon, ob sie jetzt nachträglich ist oder im voraus gleichsam antizipierend kompensativ. Da hätte ich keine Probleme. Auch habe ich keine Schwierigkeit mit der Überlegung, daß die Zeitgrenze des Todes natürlich eine andere Grenze ist als eine theoretisch festgestellte Grenze von etwas in der Zeit. Denn die Zeitgrenze des Todes wirft uns in der Tat auf uns zurück und läßt uns zwar eine Zeit danach denken, aber was für eine Zeit? Die ist nicht mehr erfüllbar. Und insofern würde ich in der Hinsicht Hegel kritisieren, ich würde Kompensation nicht verstehen können als Überwindung der Endlichkeit. Sondern da würde ich Odo folgen und sagen: als Entschädigung der Endlichkeit. Also Überwindung des Endlichen ist nicht möglich. Das scheint das von Hegel her Gesagte, jedenfalls, was du von ihm zitiert hast, zu widerlegen. Also da habe ich keine Schwierigkeiten.

Schwierigkeiten habe ich mit der Frage nach den guten und schlechten Kompensationen, und ich möchte auch erläutern, daß ich nicht eine absolute Moral, Unbedingtheitsmoral oder unbedingte Vernunft, absolute Vernunft meine, sondern eine positive praktische Vernunft. Warum? Weil ich meine, man braucht einen Maßstab auch für das Erkennen des Negativen als Negatives. Ich brauche da nicht ein positives Gutes, da gebe ich dir recht, aber die Erfahrung des Negativen selber hat, sagen wir, einen Horizont von unterstelltem Gutsein. Wenn ich bei Brand fliehe, weiß ich genau, daß ich überleben will. Das kann ich auch positiv noch benennen. Da brauche ich nicht bloß beim Negativen bei der Flucht bleiben. Wenn's brennt, renne ich. Klar, warum? – weil es lebensdienlich ist. Und so könnte man sagen, das ist ein ‚*bonum utile*‘ und dieser Kriterienbegriff gehört in die praktische Vernunft. Etwas ist gut, weil es nützt. Es gibt aber auch ein ‚*bonum delectabile*‘. Klassisch gesprochen: Etwas ist gut, weil es Spaß macht, weil es Vergnügen, weil es Lust bereitet. Und es gibt ein ‚*bonum honestum*‘. Etwas ist gut, weil es ehrenwert ist, würde man übersetzen. Aber das klingt heute eher komisch. Man könnte sagen, weil etwas keinen Preis hat, sondern Würde. Gemeint ist: Alles das, was keinen Preis hat, sondern Würde.

Alles das, was keinen Preis hat, sondern Würde, ist etwas, was mit dem Wesen des Menschen zu tun hat. Und jetzt komme ich zurück. Das bonum so gefaßt: als utile oder delectabile oder honestum – dazu brauche ich mehr als eine Kompensationstheorie des Menschen. Da brauche ich einen Einschlag an Einsicht in das, was Vernunft ist und den Menschen auszeichnet gegenüber den nichtmenschlichen Lebewesen. Helmuth Plessner macht das sehr deutlich, worin der Unterschied zwischen Mensch und Tier besteht. Es ist gar kein ehrenrühriger Unterschied, nichts, was gegen die Tiere spricht. Aber wir Menschen haben ein anderes Verhältnis zu unserer räumlichen Grenze. Wir wissen und machen rechtlich geltend, daß, wo ich sitze oder wo Sie sitzen oder wo jemand steht, kein anderer sitzen oder stehen kann und auch nicht darf. Oder wenn ein Kind geboren wird, fällt es auf die Erde und nimmt Raum ein. Nimmt also einen Platz in dieser Welt ein, hat einen Anspruch darauf. Plessner interpretiert den Unterschied zwischen Tier und Mensch auf solchem Wege über die Raumgrenze und über das Verhältnis dazu. Wenn das so ist, dann könnte man sagen, vielleicht sind die guten Kompensationen – und es mag mehrere gute geben – einmal die, die dem Überleben dienen, ganz klar. Das andere Mal die, die dem Vergnügen der Menschen und ihrem Leben dienlich sind, und drittens die, die die Würde des Menschen beachten. Kompensationen, die gegen die Würde des Menschen sind, sind zu verwerfen; und jetzt greife ich bloß andeutend vor auf die Perspektive Kompensation und Geschichte. Die Fortschrittsidee ist ja deswegen, könnte man sagen, primär in ihrer Übertreibung verkehrt und eine schlechte Kompensation der Endlichkeit des Menschen, weil sie gegen die Würde des Menschen ist. Ich deute das hier nur an, um zu zeigen, wie ich Vernunft und bonitas bzw. „Moral" hier einbezogen wissen möchte.

Zimmerli:
Möchten Sie direkt darauf reagieren, Herr Marquard?

Marquard:
Also kurz würde ich folgendes sagen: Ja ich weiß nicht, das könnte zu einem längeren Zwiegespräch werden, aber das macht nichts. Das macht aber die Kompensationstheorie und auch die Moral als Kompensationsphänomen nicht überflüssig. Beleg dafür ist Helmuth Plessner selber, der ja ein Anthropologe war, der Kompensa-

tionstheoretiker war, es ist ja so, daß nicht erst Gehlen dieses Konzept erfunden hat, sondern Plessner zwölf Jahre früher, nein sogar noch ein bißchen früher, wenn man 1923 „Die Einheit der Sinne“ nimmt, erfunden hat.

Offensichtlich ist die Argumentation von dir, die mir einleuchtet, doch nicht von der Art, daß die Kompensationstheorie überflüssig gemacht wird, sondern sie weist ihr einen Platz gerade in der Anthropologie an. Und wenn unsere gemeinsamen Überlegungen hier dieses Ergebnis hätten, wäre ich schon sehr zufrieden. Nicht etwa in dem Sinne, daß ich da etwas gerettet habe – von meiner Position –, sondern, darum geht es ja sowieso weniger, als vielmehr, weil es mir klarer macht, an welcher Stelle der Anthropologie ich philosophiere.

Baumgartner:
Wenn ich an Plessner erinnern darf, ich habe selber, nachdem wir in Gießen viel miteinander diskutiert haben, dann nach meinem Weggang nach Bonn mich mit der Plessnerschen Anthropologie befaßt. Die exzentrische Positionalität ist ja Plessners Grundgesetz der Bestimmung des Menschen. Und dann gibt es drei Sondergesetze. Das eine heißt das Gesetz der natürlichen Künstlichkeit, das andere das Gesetz der vermittelten Unmittelbarkeit und das dritte das Gesetz des utopischen Standortes. Und im Rahmen dieses dritten Sondergesetzes der Anthropologie kommt genau dieses Moment von Vernunft und Moralität ins Spiel; allerdings eben nicht in dem Sinne eines absolutistischen Regiments. Sondern im Sinne eines unverzichtbaren Elementes zur Bestimmung des menschlichen Tuns, also auch möglicher sinnvoller Kompensationen. Deswegen ist die Kompensationstheorie ja nicht erledigt, aber sie hat ein Element zusätzlich erhalten, das ihr sonst eigentlich immer als fehlend vorgeworfen wird. Wenn ich an die Diskussion um die Geisteswissenschaften als Kompensationen denke, könnte man ja geradezu sagen: Indem es um den Menschen als Vernunftwesen dabei geht, sind sie gerade unverzichtbar. Weil sie ein Stück Würde gegen die Verdinglichung des Menschen festhalten.

Zimmerli:
Gut, die kriegen wir ja später, die Geisteswissenschaften. Insofern noch mal kurz zurück. Ich bin noch zwei Antworten, eigentlich

Meta-Antworten, schuldig. Ich will vorher nur noch einmal klarmachen, womit wir uns gerade befassen: Wir beschäftigen uns ja nicht damit, Theorien zu formulieren, sprich: zu verteidigen, oder zu kritisieren, sprich: anzugreifen, die dadurch, daß sie verteidigt oder angegriffen werden, zu irgendeinem Zeitpunkt wahr oder falsch würden. Sondern sie sind mehr oder minder vieles erklärende Beschreibungen. Beschreibung also in allgemeinen Begriffen, die etwas sichtbar machen soll und die nicht in diesem Sinne falsifizierbar ist. Insofern richten sich auch alle Einwände, die ich bisher jedenfalls von dir, Hans Michael, und von mir gehört habe, selbstverständlich nicht gegen die Berechtigung des Kompensationsmodelles, sondern befragen die Reichweite des Modelles. Sie fragen mich die Gretchenfrage, Herr Marquard, ich soll Ihnen die Metapher nennen – die Bamberger Roß- und Reitergeschichte. Herr Wolf hier hat eine sehr schöne Arbeit über die Funktion der Metapher u. a. in der „Künstlichen Intelligenz" geschrieben, schon deswegen sind wir hier in Bamberg natürlich verpflichtet, Metaphern für äußerst wichtig zu halten, ganz abgesehen davon, daß das ein früherer Kollege von Herrn Wolf, Friedrich Nietzsche, auch außerhalb Bambergs schon für wichtig gehalten hatte. – Sie fragen mich nach meiner Metapher.

Nun, meine Metapher ist das Doppelpendel. Und sobald Sie ein Doppelpendel nehmen, geht es nicht mehr auf mit der Kompensation. Sie bekommen dann genau jene Prozesse, die Sie in die Form von Erhaltungssätzen formuliert und dadurch abgewendet zu haben meinen, nun als den Regelfall. Nämlich die Prozesse, die wir uns relativ einfach als aus actio und reactio oder aus Pensum und Kompensation des Pensums zusamengesetzt denken und die sich dann trotzdem in einer unprognostizierbaren Weise entwickeln, die zwar schlicht deterministisch, aber chaotisch ist. So daß meine Frage eigentlich darauf abzielt, ob nicht das einfache Pensum-Kompensations-Pendel zu einfach ist als Metapher. Und ob man nicht, wenn man denn versuchen möchte, zu verstehen, was Menschen ausmacht und warum Menschen eben nicht nach einfachen Actio-reactio- oder Stimulus-response-Mustern kompensatorisch operieren, sondern aus geringem Anlaß völlig unverhältnismäßig reagieren, warum also aus kleiner Ursache große Wirkungen entstehen, ob man da nicht besser mit einer anderen Metapher drangeht. Das wäre eigentlich mehr eine auf die heuristische Gewalt dieser Metapher bezogene Frage.

Und dann noch eine kleine Bemerkung zur Zeitgrenze des Todes. Natürlich wäre es absurd zu meinen, daß durch das Reflektieren der Tatsache, daß wir wissen, daß wir sterblich sind, wir nicht mehr sterben müßten. Das würde ja, auf derselben Ebene gesprochen, „Überwindung der Grenze" heißen. Das ist nicht gemeint.

Baumgartner:
Ja, klar.

Zimmerli:
Eben, das sollte man nicht tun! Und sofern Hegel das tut (was nicht der Fall ist, glaube ich), aber sofern er das täte, was ihm andere Leute zuschieben, täte er in der Tat etwas, was er besser nicht getan hätte. Sondern die Frage ist die, ob es eine mögliche Beschreibung gibt, die uns erklären läßt, warum wir, obwohl wir, wie Heidegger völlig zutreffend beschreibt, eigentlich doch in einer relativ dürftigen Situation sind – nämlich in der, nichts anderes zu haben, als zu wissen, daß wir sterben müssen –, trotzdem so viel daraus machen. Warum wir trotzdem frei sind – Sie haben ja vorhin gleich selbst Ihre offene Flanke gleich benannt in der Ihnen eigenen Offenheit und Redlichkeit, Herr Marquard.

Mir scheint in der Tat interessant zu sein, wie Freiheit in Ihr Konzept paßt, und – um es noch einmal zu sagen – meine Bemerkung bezog sich auf Zeit, verstanden als Zukunft, verstanden als kategorial bestimmt durch Möglichkeit und damit als Bedingung der Möglichkeit von Freiheit. Freiheit scheint mir keine Grenze, also jedenfalls nicht im strikten Sinne des Wortes „Grenze" zu sein. Obwohl man natürlich Grenzen überwinden muß, um handeln zu können. Aber es scheint mir eher eine Chance zu sein, also mehr Chance als Grenze, würde ich vielleicht sagen. Und da scheint mir eine gewisse Asymmetrie innerhalb des, wenn man es global betrachtet, sicher zutreffend als Grenze beschriebenen Gedankens zu liegen, daß die menschliche Endlichkeit nur diesen negativen Charakter der Begrenzung habe.

Marquard:
Ich glaube, ich bin angesprochen und versuche, etwas dazu zu sagen. Ich muß einen Augenblick darüber nachdenken, ob vielleicht zwei Freiheitsbegriffe bei mir im Spiel sind. Das könnte ja durchaus sein, um dann die Frage zu stellen, in welchem Verhältnis befinden sich beide. Also wenn ich über den Tod nachdenke, dann – und dies in Zusammenhang mit Zeitgrenze oder so etwas – dann interessiert mich das Phänomen unserer Reflexivität. Also wie kommt es dazu, daß wir eine reflexive Beziehung zu uns haben etwa im Sinne der exzentrischen Positionalität. Wo kommt unsere Exzentrizität her? Das ist eigentlich die Frage, die mich dann interessiert, und soweit Exzentrizität Freiheit ist, also Exzentrizität ist ja einfach das Außerhalb-seiner-selbst-stehen-Können. So müßte man das doch bei Plessner bezeichnen, und das anthropologische Grundgesetz des utopischen Standorts ist ja das Stehen außerhalb, benennt ja das Stehen außerhalb unserer selbst als Möglichkeit des Menschen, wobei es vielleicht dienlich ist, darauf hinzuweisen, daß das ja ein sehr interessanter eigenartiger Begriff des Utopischen ist, der sich überhaupt nicht beißt mit der Tatsache, daß Helmuth Plessner eine Aufsatzsammlung mit einem wunderschönen Titel versehen hat, durch den er seine Position kennzeichnen wollte, nämlich „Diesseits der Utopie“. Und in der kleinen, ist es eine Einleitung oder ist es mehr ein Satz zuvor, eine kleine Vorbemerkung, heißt es dort: Ich sehe überhaupt nicht ein, wieso ich Anhänger einer diesseitigen Heilslehre sein muß, um Kultursoziologie zu betreiben. Und das ist mir ein unglaublich sympathischer Satz. Vielleicht ist er ja auch uns allen dreien sehr sympathisch, und ich finde das einfach sehr schön und richtig. Das ist das eine Problem.

Das andere Problem ist, wodurch erlangt der Mensch Freiheit? Freiheit als Chance, hatten Sie gesagt. Und ich greife das einfach auf, weil es mir schön zu sein scheint. ‚Schön zu sein scheint‘ heißt bei mir manchmal, weil es mir gut in den Kram paßt. Aber ich glaube das ist nicht bloß bei mir so. Und die Vorstellung, die ich von Freiheit habe, hängt in der Tat mit Vergangenheit, also mit Herkunft und Zukunft zusammen. Und ich rekurriere gern auf die Tatsache, daß unsere Herkunft, die für uns zufällig ist, eine bunte ist, eine vielfältige. So daß also gewissermaßen wir nie in einer Tradition – ich meine, man muß vielleicht überlegen, ob das ein historischer Befund ist, eine historische Tatsache, die insbesondere auch zur modernen Welt gehört –, aber ich sage einfach, ich versuche erst mal, genereller zu formulieren, daß wir nie in einer Herkunft stehen, die nur eine ist, sondern wir stehen in einer Pluralität von Herkünften, die sich wechselseitig begrenzen. Jetzt kommt mein Lieblingsthema ‚Gewaltenteilung' hinein. Pluralismus hat immer etwas mit Gewaltenteilung zu tun, daß also eine Tradition, Herkunftstradition, uns aus einer anderen, aus den Fängen, aus der Alleingewalt einer anderen freiboxt und uns dadurch Distanz verschafft, wie die andere uns gegenüber der einen Distanz verschafft, und das nicht bloß bei zweien, sondern bei mehreren, wobei natürlich mich die Frage verfolgt, die Rudolf Schottländer mir mal in einer Diskussion gestellt hat: „Wieviel Götter dürfen es denn sein?" Wobei er eine meiner Ansicht nach für fast jede Position außerordentlich brennende und spannende Frage gestellt hat: In welchem Umfang sind Menschen vielfältigkeitsfähig? Also können wir in beliebig vielen Positionen, in beliebig vielen Traditionen, oder was da immer kommt und kreucht und fleucht, gleichzeitig stehen? Das ist eine Frage von ähnlichem Gewicht wie die Frage: Wie groß ist unsere Innovationsfähigkeit? Unsere Fähigkeit, Neuigkeit zu ertragen. Wieviel Neues können wir aushalten? Solche Fragen scheinen mir wichtig, interessant zu sein, aber sie führen vielleicht etwas von unserem Thema ab. Aber ich wollte einfach den Zusammenhang zwischen der Freiheit als Chance und der Buntheit der Tradition, der Herkunftstradition ansprechen und in dem Zusammenhang noch etwas sagen, aber das fällt mir jetzt im Augenblick wieder nicht ein! Man wird halt alt!

Zimmerli:
Gut. Außerdem war das natürlich eine gekonnte Überleitung zum Thema Geschichte und Geisteswissenschaften. Insofern denke ich, dürften wir die zweite Runde – auch die verfügbare Zeit, die endlich ist, spielt mit – eröffnen, die sich jetzt mehr auf das Thema des zweiten Vortrages, also auf die Umsetzung oder auf den Bamberger Ausgangspunkt der Kompensationstheorie, nämlich auf die Frage nach der Funktion der Geisteswissenschaften, bezieht. Darf ich dir das Wort dazu geben, Hans Michael?

Baumgartner:
Ja. Meine Damen und Herren, Kompensation und Geschichte. Odo

Marquard hat in dem Aufsatz „Homo compensator“ gesagt, daß sich das Strukturverhältnis, das das Wesen des Menschen betrifft, Mängel durch Sprache, durch Institutionen usw. zu kompensieren, auch übertragen läßt vom Menschen, so wörtlich, auf das Menschliche. Also auf seine Geschichte, auf das, was in seiner Geschichte auf ihn zukommt. Und er legt dort Wert drauf, zu sagen: Kompensation kann nicht im alten theologischen Sinne von Vergeltung verstanden werden, sondern als Entschädigung. In der Geschichte ist der Kompensationsmechanismus der handelnden Menschen insofern am Werk, als durch diese Art von Bewältigung von Problemen eine Entschädigung für mala, für Übel, zustandegebracht wird und daß diese Entschädigung natürlich nicht in ein Unendliches, in einen absolut abgeschlossenen Sinn, in eine Existenz der Vollendung führt, sondern ein geschichtliches Moment auf dem Weg bleibt, so daß dasjenige Neue, das ein Kompensat für anderes war, wiederum zum Anlaß von Kompensation wird. Insofern ist Kompensation eine Prozeßfigur für Geschichte, aber die Frage, die sich daran stellt, ist, ob dadurch der Kompensationsgedanke nicht zweideutig wird. Wie ist das gemeint?

Ich erläutere dies am Beispiel des zweiten Vortrages „Kompensation des beschleunigten Fortschritts durch Bewahrungskultur“ und frage: Ist der Kompensationsgedanke grundsätzlich auf Bewahrung von Vergangenem bezogen oder, wie vorhin gesagt, hat er nicht auch Möglichkeiten auf Zukunft sich zu beziehen, d.h. durch Innovation zu kompensieren? Im Hinblick auf den beschleunigten Fortschritt mag es zweckmäßig sein, sich zurückzuwenden, Kontinuität zu stiften, Traditionen festzuhalten; aber in anderen Fällen möchte es sein, Kompensation durch Innovation auf den Weg zu bringen. Insofern wäre im Kompensationsgedanken dann ein schöpferisches Moment in der Idee eines Ausgleichs der Mängel zu denken. Einmal Bewahrung möglicherweise, wie hier angesichts der Fortschrittsbeschleunigung, das andere Mal Überbietung.

Hier möchte ich ein Beispiel geben aus der Historie, das ja oft traktiert worden ist, das der Kompensation der ausgebliebenen Parusie des Christentums. Die Naherwartung der Wiederkehr Christi in der Frühzeit erfüllte sich nicht, statt dessen kam die Institution der Kirche. Die Kirche als Kompensation der ausgebliebenen

Parusie wäre so ein Beispiel für die Anwendung des Kompensationsgedankens im obigen Sinn: Das Kompensat bewahrt nicht etwas, sondern ist gleichsam ein innovatives Moment, das die Geschichte weiter bestimmt. Die europäische Religions- und Denkgeschichte ist ja wesentlich durch die damals etablierte christliche Kirche bestimmt worden. So gesehen, wäre Kompensation zwar allgemeine Prozeßfigur, aber es bleibt offen, ob sie sich nach rückwärts oder nach vorwärts wendet. Soweit eine erste Bemerkung.

Zimmerli:
Gut, ich werde wieder den Üblichkeiten entsprechend verfahren und meine erste Bemerkung anschließen. Diese teilt sich weiter in zwei Unterabschnitte: Die eine bezieht sich auf die Frage nach der Rolle der Geisteswissenschaften und nicht so sehr der Kulturaktivitäten generell. Ist es nicht so, daß die Kompensationskennzeichnung mehr auf die Gegenstände der Geisteswissenschaften als auf diese selbst zutrifft? Gewiß, eine Frage, die bzw. ein Kritikpunkt, der schon häufig erhoben worden ist, aber, wie mir scheint, nicht zufriedenstellend beantwortet wurde. Ist es nicht so, daß was Sie zur Kompensation sagen, für Geschichte, Kunst, Musik und alles Mögliche als Gegenstand der Geisteswissenschaften zutrifft, aber nicht für die Geisteswissenschaften selbst, die ja ihrerseits eine institutionalisierte Form haben, die durchaus den Prozeß der Beschleunigung noch mit vorantreibt? Nämlich die universitär verfaßten in Ausbildungsgänge einbezogenen Geisteswissenschaften.

Die zweite kritische Anfrage ist mehr eine Frage nach den Funktionen oder den Folgen dieses Arguments. Ihre Bamberger These hat damals eine große Debatte ausgelöst, ob, was Sie vorgetragen haben, den Geisteswissenschaften eher nützlich oder eher schädlich sei. Zunächst einmal sah es ja durchaus so aus, als ob der von Ihnen unternommene Legitimationsversuch der Geisteswissenschaften, der über den Kompensationsgedanken die Unvermeidlichkeit benannte und einklagte, einen positiven Effekt für die Geisteswissenschaften hätte. Ich frage mich heute, und viele haben sich schon früher gefragt, ob nicht das Gegenteil der Fall war. Ob sich nicht diejenigen, die hätten aufgerufen werden müssen, die Geisteswissenschaften in ihrem überfälligen Modernisierungsprozeß zu unterstützen, nun darin bekräftigt sahen zu meinen, das müßten sie gar nicht tun, denn das sei ein historischer Selbstläufer. Denn je moderner unsere Welt, desto unvermeidlicher die Geisteswissenschaften. Also geht es nur darum, unsere Welt modern genug zu machen, dann werden die Geisteswissenschaften schon irgendwie ihre Unvermeidlichkeit erweisen. Und die Frage ist, ob sich das am Schluß sogar bis auf Heller und Pfennig auswirkt, daß sie sagen: Das ist ja großartig, da können wir auch noch die paar Pfennige sparen, die wir für die Geisteswissenschaften ausgeben. (Ich freue mich allerdings, hinzufügen zu können, daß die bayerische Kulturbürokratie das noch nicht gemerkt hat!)

Marquard:
Die ist vermutlich schon weiter! Aber ich weiß es nicht. Ja, zunächst neige ich dazu, auf Ihre erste Frage spontan zu antworten: Kompensation ist eine Kategorie, die gleichzeitig auf die Gegenstände der Geisteswissenschaften anwendbar ist und auf sie selber. Beides trifft zu. Und das muß sich auch gar nicht beißen. Es ist richtig, daß die ästhetische Kunst in der modernen Welt eine Kompensation gerade ihrer Entzauberung ist. Wie immer man das im einzelnen formulieren mag. Mir ist ja eingewandt worden, daß ich sage, hier ist bei der ästhetischen Kunst eine Art Ersatzverzauberung. Ich habe das überhaupt nicht negativ gemeint, sondern ich hatte die Max Webersche Beschreibungskategorie der Entzauberung beim Wickel, und dann ist selbst ein Vortrag vor der Westdeutschen Rektorenkonferenz nicht fertig, wenn man ihn gerne fertig haben will! Also ich stand formulierungsmäßig unter Zeitdruck, und mir ist einfach in dem Augenblick kein besseres Wort eingefallen. Insofern würde ich sagen, die Kunst, die ästhetische Kunst, ist eine Kompensation nach dieser Interpretation, der historische Sinn und seine Genese ist einschließlich dessen, was zu ihm gehört, die Genesis des Museums und ähnliche Phänomene, ist eine Kompensation, und zugleich ist dabei schon sichtbar, daß die Grenzen fließend sind. Zwar ist nicht jede Aktualisierung des historischen Sinnes Geisteswissenschaften.

Wenn – ich habe nicht nachgeprüft, ob die Zahlen stimmen, also mehr Menschen in Museen streben als zum Fußball, wobei ich nicht ganz genau weiß, ob nur die Bundesliga gezählt wird oder auch andere Vereinsbesucher, ich kenne die absoluten Zahlen nicht: beides sind Massenphänomene – dann sind natürlich die Besucher nicht Geisteswissenschaftler. Es sind einige unter ihnen, die es sind. Und die, die immer wieder hingehen, die Dinge genau untersuchen, ich meine Kunstgeschichtler, die an einem kunstgeschichtlich kargen Ort wie Gießen wohnen, wo es praktisch kaum ein Museum für bildende Kunst gibt, müssen natürlich woanders hinfahren und sich in die Besucherströme einreihen, um an der Materie zu arbeiten, an der sie arbeiten müssen. Ich würde sagen, die Grenzen zwischen Geisteswissenschaftlern und Normalbesuchern sind fließend, aber auch die Geisteswissenschaften selber, also in diesem Fall die Kunstgeschichte, ist ein Kompensationsphänomen und hat die Struktur der Antwort auf die Entzauberung der Welt durch u. a. die harten Wissenschaften. Durch die experimentierenden, messenden Wissenschaften einerseits; ich bin auch gern immer dabei zu sagen, es sind Kompensationen, so sind die Philologien, die modernen Philologien entstanden, es sind Kompensationen, von mir aus auch Gegensteuerungen, das ist ja eine der möglichen Übersetzungen dieses Wortes. Gegensteuerungen, Gegensingularisierung von Geschichten, wenn man den Menschen nur eine einzige Geschichte zu haben erlaubt und diese eine säkularisierte Heilsgeschichte ist, d. h. eine Geschichte der Erfüllung im Diesseits, dann ist es wichtig, daß kritische Größen entstehen, die – ich bringe Kritik und Kompensation durchaus zusammen – kritisch sagen: es ist verderblich für die Menschen, wenn sie nur eine Geschichte haben dürfen. Sie müssen viele Geschichten haben, und diese vielen Geschichten sind – jetzt komme ich zum Fall Literaturwissenschaft – sind z. B. Romane oder Novellen oder so etwas, gerade modern, wo gewissermaßen die säkularisierten Heilsgeschichten auftreten, treten Gott sei Dank auch gleichzeitig die literarischen Formen, also die Formen literarischer Prosa, auf. Ich würde sagen, das ist eine wundervolle Sache. Wenn das nicht wäre, wäre das ganz schlimm. Also, so würde ich sagen, verhält es sich mit dem Gegenstand der Geisteswissenschaften und der Geisteswissenschaft, sie sind beide Kompensation.

Was nun die Konsequenzen betrifft: Hat die Kompensationstheorie in ihrer Äußerung positive Folgen oder negative Folgen gehabt? Ich möchte zunächst einfach sagen: In dem Augenblick, in dem ich für diesen Vortrag angefragt wurde, wurde ich zugleich mit einem Vorentwurf der Westdeutschen Rektorenkonferenz für die

Behandlung des Themas angeworben. Und ich muß sagen, daß ich den Eindruck hatte, daß man außerordentlich defensiv die ganze Sache behandelte. Also ich könnte jetzt nicht mehr im einzelnen sagen, wie das angelegt war, und ich habe es auch verkramt, also ich kann es auch nicht in kurzer Frist, aber das kriegte man sicher noch zusammen. Also ich habe einfach gesagt, man muß die Geisteswissenschaften offensiver vertreten, und offensiv kann man sie nur vertreten, wenn man ihre Notwendigkeit zeigt. Und sie haben eine enorme Notwendigkeit. Insofern glaube ich: wenn man gleich von einem möglichen negativen Effekt spricht, ist die Ausgangslage nicht richtig bedacht. Also ich glaube, wenn man die Ausgangslage und wie sehr die Geisteswissenschaften defensiv dargestellt wurden, bedenkt, dann muß man eigentlich sagen: Jede Art von Offensive war in dem Augenblick angebracht, und die Wirkung war dann auch, hatte ich den Eindruck, daß eben nicht nur bei denjenigen, die ja das Hauptpublikum bildeten, nämlich den Rektoren, die Sache so angekommen ist, daß die gesagt haben, jetzt können wir auch mal Naturwissenschaftlern erklären, wieso sie daran ständig mitarbeiten, die Geisteswissenschaften nötig zu machen.

Das war nicht bloß ein Trick, sondern ich meine das wirklich, ich meine das auch heute noch. Und so war das also in gewisser Hinsicht eine Art von Naturwissenschaftsfolgenabschätzung, was ich da getrieben habe. Es gibt bedeutende Naturwissenschaftsfolgen, das sind die Geisteswissenschaften. Und wenn man diese Folgen mit in den Blick nimmt, muß man sie auch bezahlen. Das war meine Meinung damals, und ich hatte den Eindruck, daß das durchaus so verstanden wurde. Und ich habe seinerzeit nun das große Protestgeschrei innerhalb der Geisteswissenschaften gegen diese These so verstanden, daß man im falschen Augenblick, das war ja genau der Punkt, wo das Geld dann langsam anfing, weniger zu werden, als eine zwar völlig berechtigte wissenschaftliche Position innerhalb einer Diskussion empfunden, aber politisch war der Zeitpunkt nicht sehr gut gewählt. Man hätte in Klausur gehen sollen eigentlich und hätte das intern erst mal diskutieren können, und ich meine, dann hätte man mich ja zunächst mal als Opfer anbieten können und vielleicht dafür noch etwas bekommen! Also es war übrigens dann ja ebenfalls die Administration, die Wissenschaftsadministration anwesend, vor allen Dingen zuständige Politiker, die dafür gewonnen werden konnten, und zuständige Journalisten warben, und ich hatte damals so den Eindruck, ich habe meine Pflicht halbwegs brauchbar erfüllt, und die Reaktion der zuständigen Leute war: Wir haben jetzt ein auch für andere Leute plausibles Argument, die Geisteswissenschaften besser ausstatten zu können, als wir es bisher getan haben. Für jemanden, der zu jener Zeit im Unterschied zu heute noch fach- und wissenschaftspolitische Pflichten hatte, war das eigentlich schon eine ganze Menge. Ich gebe zu, das ist kein Wahrheitsbeweis für die These, die ich vertreten habe. Die ist mit Recht umstritten und ist vielleicht sogar gar nicht mehr umstritten, so daß ich mein eigener Nachzügler bin oder der Nachzügler derer, die mich längst widerlegt haben.

In einer solchen Situation allerdings beherzige ich ganz gerne den Rat, den ich mir selber zuweilen gebe, man soll bei sich beschleunigenden Abläufen in der Geschichte lieber warten und sehr hartnäckig eine Position weiter vertreten, spätestens dann, wenn der Wissenschaftsweltlauf wieder bei einem vorbeikommt, und diejenigen, die überhaupt mit Avantgarden rechnen, da plötzlich jemanden von hinten sehen und den für eine Spitzengruppe halten, die eingeholt werden muß, spätestens dann bin ich wieder ganz vorne!

Zimmerli:
Eine Art von ewiger Wiederkehr, in ihrer Ewigkeit durch die Endlichkeit allerdings nicht unerheblich begrenzt.

Baumgartner:
Gemildert!

Zimmerli:
Gut. Ich glaube, Sie hatten noch eine Frage zur Geschichte, Herr Marquard.

Marquard:
Kann Kompensation auch Innovation sein?

Baumgartner:
Ja. Ganz klar.

Marquard:
Ganz klar ja. Das Beispiel, was du bringst, leuchtet mir auch ein, ich würde natürlich, wenn ich ins einzelne gehen wollte, noch die Gnosis dazwischenschalten, das ist ja auch eine innovatorische Kompensation gewesen, und die Harnack-These, daß die katholische Kirche gegen Marcion erbaut ist, leuchtet mir nach wie vor ein, und ich würde in der Tat sagen, das sind kompensatorische Innovationen, wobei zugleich sie Beispiel sein mögen, wie schwer sich Innovation und Bewahrung zuweilen trennen lassen. Es war natürlich für mich interessanter, die Bewahrungsseite der Kompensation ins Feld zu führen, weil ich ja ständig mit Innovationsbeflissenen zu tun hatte. Die Gruppe Poetik und Hermeneutik, der anzugehören ich die Ehre habe, war ja eine sagen wir mal avantgardefreundliche Gruppe. Ich übrigens auch. Aber es war natürlich viel interessanter, dieser Gruppe etwa zu sagen, daß auch umgekehrt Kompensationen auch Bewahrung sein können? Und etwa Hans-Robert Jauß in meiner Rede zum 60. Geburtstag damit zu ärgern, aus seiner avantgardefreundlichen Position heraus eine stark konservative Position zu entwickeln. Direkt aus ihm. Um dann nachher zu sagen, ich sei in der Tat, das sei mir klar, ein Häretiker dieser Theorie, und freute mich deswegen besonders, diese Rede in Konstanz zu halten, weil Konstanz in der Welt dafür berühmt ist, daß diese Stadt schon immer Häretikern freies Geleit zugesichert hat. Ich meine, es wäre gerade bei mir völlig abwegig, abzusehen vom allzu Menschlichen, was in den Theorien drin ist. Das hängt auch ein bißchen damit zusammen, daß mich natürlich das Schreiben lockt und ich sicherlich nicht ganz gefeit bin gegen die Versuchung, eine schöne These auch für wahr zu halten.

Baumgartner:
Ist ja auch zweckmäßig.

Zimmerli:
Herzlichen Dank. Wir sind jetzt an einer ersten Weiche angelangt, wo wir entscheiden können, wo der Zug weiterfährt. Falls – und das will ich jetzt einfach mal durch Meinungsbild feststellen –, falls großer, d. h. quantitativ starker Redebedarf im Publikum besteht, würden wir jetzt ins Publikum geben; falls das nicht der Fall ist, würden wir nochmal eine Runde hier oben drehen. Darf ich fragen: Wer würde interessiert sein daran, jetzt eine Frage

an jemanden hier auf dem Podium zu stellen? Einfach nur mal ein Meinungsbild. Wer beabsichtigt, irgendwann, wenn er sich eine ausgedacht hat (oder vielleicht auch vorher), eine Frage zu stellen? – Vier. Gut. Dann würde ich sagen, sollten wir jetzt die Diskussion vielleicht doch für das Plenum öffnen, denn erfahrungsgemäß wächst der Fragebedarf mit dem Hören der Antworten.

Frage:
In der ersten Diskussionsrunde, die ich sehr schön fand mit der Metapher des Doppelpendels, brachten Sie, Herr Zimmerli, den Gedanken, daß es doch möglich sein könnte, daß das Pensum die Kompensation schon beinhaltet. Wie eine Seite der Münze eine andere Seite beinhaltet, um überhaupt eine Münze zu sein. Meine Frage an Sie: Ist das nicht dieselbe Problematik wie in der Frage, wo unter dem Rahmen des Pantheismus im Sinne der philosophischen Theorie, daß zwischen dem Kreierten und Kreator kein Unterschied besteht, überhaupt der Unterschied zwischen einem strikten Determinismus und der Teleologie liegt?

Zimmerli:
Zwei Sätze möchte ich dazu jedenfalls sagen. Zunächst die Pointe, auf die es mir ankam bei dem Vergleich mit dem Doppelpendel, lag darin, darauf hinzuweisen, daß es durchaus sein könnte, daß die Kompensationen nicht nach dem Muster der Kompensationen verstanden werden können, sondern verstanden werden müßten nach dem Muster eines Überschusses, einer weit über das, was investiert worden ist an formaler Realität, wie Descartes das vielleicht nennen würde, hinausgehenden Wirkung. Kleine Ursache – große Wirkung, Sie kennen das. Ich habe damit versucht, darauf hinzuweisen, daß spezifisch dort, wo menschliches Handeln im Spiel ist, Prozesse dieser Art zu beobachten sind, wenn sie auch überall zu beobachten sind, aber dort besonders hervorgehoben.

Sie fragen jetzt zweitens, wenn ich Ihre Frage recht verstehe, ob diese Wirkung schon in der Ursache impliziert ist, so daß Ursache und Wirkung hier zusammengehören wie die zwei Seiten einer Medaille, wie Ihre Metapher lautete. Und Sie verbinden das mit der Frage nach einem Pantheismus, in dem die Differenz zwischen Kreator und Kreatura nicht mehr strikt zu machen ist, also nach einem Pantheismus oder Panentheismus spinozistischer Art vielleicht, in der die Natur als sich selbst verursachende gedacht wird, und damit beides, natura naturans und natura naturata, ist. Der Unterschied, um den es hier geht, ist – wenn ich das in Gegenwart von Hans Michael Baumgartner an dieser Stelle sagen darf – ein Unterschied, der durch Schelling markiert wird. Der Unterschied zwischen dem, was ich im Blick hatte, und dem, was bei Spinoza in seiner panentheistischen Modellierung vorkommt, wäre der, daß bei Spinoza kein Prozeß der Selbstvermehrung gedacht wird, sondern die Selbstverursachung ist etwas, was geschieht und dauernd geschieht und sich auch dauernd konstant weitererhält. Während dagegen der Selbstorganisations- oder Selbstvermehrungsgedanke einen Prozeß, so etwas wie eine Evolution mit einschließt, und von so etwas hätte Spinoza wahrscheinlich Abstand genommen. Von einer solchen Denkform. Das wäre der Unterschied, und es ist die Frage, ob man das dann noch Pantheismus nennt, also ob man die Schellingsche Version noch Pantheismus nennt, ich würde da eher skeptisch sein. Aber credo experti, wenn wir einen hier haben, fragen wir ihn doch gleich!

Baumgartner:
Also ich denke schon, daß der Unterschied zwischen Schelling und Spinoza, den Schelling ja selber deutlich macht, auf der Linie liegt, wie du es eben angedeutet hast. Nur es ist ziemlich schwierig, die Philosophie der Mythologie und der Offenbarung, also die späten Vorlesungen, die der Sohn Karl Friedrich August aus dem Nachlaß herausgegeben hat, nun zu interpretieren. Da beißen sich schon lange viele die Zähne aus. Richtig ist sicher, daß Schelling durch einen in sich dynamischen Gott ein in sich offenes System gedacht hat, während das spinozistische System mehr oder weniger ein in sich geschlossenes Gesamtsystem gewesen ist. Der primäre Vorwurf, den Schelling schon früh gegenüber Spinoza erhebt, ist allerdings sehr viel einfacher darzulegen und zu benennen, nämlich: Spinoza war das Absolute ein Ding, uns aber kommt es darauf an zu sagen, daß das Absolute absolutes Ich, d. h. Freiheit, sei. Also da liegt der erste Unterschied. Mehr darüber zu sagen, würde jetzt wahrscheinlich zu weit führen. Aber wir können ja vielleicht später noch drüber reden.

Zimmerli:
Herzlichen Dank! Die nächste Wortmeldung? Ist das Mikrophon schon weitergewandert? Ja, dort!

Frage:
Ich hätte eine Frage an Herrn Marquard, und zwar nicht zu den Geisteswissenschaften, sondern eigentlich zum Gegenstand der Geisteswissenschaften. Sie sagen, Kompensation sei dem Wesen nach reaktiv, und identifizieren dann Kompensation mit Innovation. Dem würde ich entgegenhalten: Innovation ist genau das andere zu Kompensation, nämlich es benennt die Freiheit, die der Kompensation vorausgehen muß, insofern die Synthesis der Thesis bedarf oder die Begrenzung der Freiheit bedarf; Sie kommen meiner Ansicht nach damit in die Schwierigkeit, wenn Sie Kompensation und Innovation miteinander identifizieren, daß Sie meinetwegen die Waldstein-Sonate aus der Biographie Beethovens ableiten müssen, also wirklich müssen, mindestens können müssen, und damit die Freiheit eigentlich draußen haben. Insofern Sie Innovation, was der freiheitliche Akt ist, mit dem notwendigen Akt, nämlich Kompensation, zusammenwerfen. Was nicht bedeutet, daß nicht in einem Prozeß kompensatorische Elemente und innovative Elemente sein können, sondern daß man die beiden Elemente strikt voneinander trennen müßte. Also die Frage an Sie eigentlich ist, ja ist implizit eigentlich schon gestellt, wie erklären Sie Errungenschaften, um es mal feierlich zu sagen, Errungenschaften der Kultur oder dergleichen? Es kann ja nicht nur ableitbar sein, sondern Freiheit bezeichnet ja genau das, was nicht ableitbar ist.

Marquard:
Also ich antworte mit dem Gefühl, daß die beiden Angesprochenen Walther Zimmerli und Hans Michael Baumgartner sind. Denn ich hatte zwar der These zugestimmt, daß Kompensation gleich Innovation sein kann, aber du hattest sie ja aufgebracht. Und daß die Kompensation nur etwas Reaktives sei, das hatten Sie gesagt, Herr Zimmerli, und nicht ich. So daß ich also mit der Innovationsthese eigentlich keine Schwierigkeiten haben dürfte. Möchte zwei Bemerkungen aber doch dazu machen. Erstens halte ich für einen Vorteil der Kompensationstheorie, daß sie dem unmittelbaren Arbeiten der Geisteswissenschaften, aber auch anderer – von mir als kompensatorisch angesehenen Phänomene wie z. B. der Kunst, zu der auch die Musik gehört, nicht oder sehr wenig hineinredet; normativ hineinredet, wie die Arbeit zu laufen hat, was ja ungemein wichtig ist. Es gibt, wenn man mit Wissenschaftslenkern zu

tun hat, und ich meine das auf allen Ebenen von Dekan über Rektor oder Präsident und Minister oder Ministerin, bis möglicherweise noch weiter, gibt es ja zwei Schwierigkeitslagen. Entweder die interessieren sich gar nicht dafür, das ist natürlich eine schwierige Lage. Aber meiner Erfahrung nach ist noch schwieriger, wenn sie sich zu sehr dafür interessieren. In Gießen haben wir im Augenblick einen Präsidenten, der für meinen Geschmack etwas zu genau weiß, was Geisteswissenschaften sind.

Ich meine, bei allem Respekt vor dem Interesse, das er den Geisteswissenschaften entgegenbringt und gerade auch noch der Musik, weil er besonders gut Klavier spielt, geradezu konzertreif, was ich also neidvoll nur zur Kenntnis nehmen kann: Es ist schwierig, wenn jemand normativ hineinredet, wie die Arbeit zu sein hat, und zwar nicht nur dann, was natürlich das Äußerste an Schwierigkeit ist und in den Fällen, die ich erwähnt habe, gar nicht zur Debatte steht, daß die Ergebnisse präformiert werden. Sondern auch dann, wenn bestimmte Fragestellungen präjudiziert werden. Also ihr müßtet eigentlich danach fragen. Das mal zu sagen, ist völlig unbedenklich, aber daraus Förderungskonsequenzen zu ziehen, ist natürlich dann weniger unbedenklich.

Sie hatten die Waldstein-Sonate erwähnt. Ich bin kein Experte der Waldstein-Sonate, sie klingt zwar bei mir, aber der Satz „Kunst wird gegen Kunst gemacht“, „Architektur wird gegen Architektur gemacht“, „Malerei wird gegen Malerei gemacht“, und dann kann es noch komplizierter werden, „Musik wird gegen Musik gemacht“, und dann kann es wiederum noch komplizierter werden, ist doch in vielen Kunstwissenschaften, also die Kunstwissenschaftler im weitesten Sinne, ich rechne auch die Literaturwissenschaftler dazu, also meines Wissens ein Satz, der sich hoher Zustimmung erfreut und auch fruchtbar ist. Ich bringe als Beispiel immer, daß auch Architektur gegen Architektur gemacht wird und daß das in Gießen dazu geführt hat, daß also ein Universitätsbau, der etwas später gebaut wurde, gegenüber einem anderen Universitätsbau, der direkt daneben für ähnliche Fächer gebaut wurde, daß die beiden sich dadurch unterscheiden, daß das eine nur aus Fenstern besteht und das andere nach dem Prinzip: Das soll uns nicht noch einmal passieren, im Grunde nur gut gebaute Schießscharten hat. So daß also das eine immer zu heiß, das andere immer zu kalt ist. Ich sitze Gott sei Dank im kalten. Das ist nur ein triviales Beispiel. Aber ich würde sagen: Kunst wird gegen Kunst gemacht. Und in diesem Sinne tut man doch der Waldstein-Sonate kein besonderes Unrecht an, wenn man etwa eine solche Relation feststellen würde. Das heißt ja nicht ableiten. Es heißt aber, eine plausible Verbindung herstellen. So sehe ich das jedenfalls.

Frage:
Kunst gegen Kunst. Sie sind dann doch wieder bei der These, die Sie jetzt eigentlich Ihren beiden Kollegen zugeschanzt hatten, daß nämlich Kompensation reaktiv sei. Wenn Musik nur die Reaktion auf Musik sei, so wie ich Sie jetzt vestanden habe, glaube ich – das war nur ein Beispiel, Sie können beliebige Werke nehmen –, ist die Waldstein-Sonate unter Preis verkauft, wenn Sie die Reaktion auf eine Haydn-Sonate sein soll. Nur das ist bei mir damit gemeint. Es kann nicht die Leistung einer Sonate oder irgendeines Kunstwerks darin aufgehen, gegen etwas komponiert, geschrieben, gemalt zu sein. Das kann es nicht sein. Und da muß auf der anderen Seite Innovation reinkommen, die was genuin anderes benennt.

Marquard:
Also, wenn ich noch mal antworten darf? Ich habe etwas Schwierigkeiten mit der Akustik! Es kann sein, daß ich einiges nicht verstanden habe. Ich würde Ihnen sofort zugeben, es kann nicht darin aufgehen, zugestimmt! Sofort ausdrücklich zugestimmt! Eine Kompensationstheorie ist eine Funktionstheorie. Und eine Funktionstheorie klärt nur Funktionen. Klärt nicht das, was am Werke vielleicht das Wesentliche ist. Das würde ich zugeben. Der Vorteil, ich möchte noch mal darauf hinweisen: Der Vorteil ist, wenn Sie eine darüber hinausgehende Theorie der Geisteswissenschaften, damit auch der Musik, also anderer Kompensationsformen der Kunst und damit auch der Musik haben, wenn Sie eine darüber hinausgehende Theorie haben, haben Sie möglicherweise eine normativ außerordentlich anspruchsvolle und rigide Theorie sich eingehandelt, die nun gerade diejenigen Freiheiten beseitigt, die man gewahrt wissen haben muß, wenn man die Autonomie von Kunst respektieren will. Im Falle des Beispiels, das Sie gebracht haben und wie ich darauf reagiert habe, also Waldstein-Sonate, habe ich natürlich die Kompensation als Reaktion in der Tat begriffen und möchte da nur sagen, ich habe gesagt, sie ist auch Innova-

tion, sie kann auch Innovation sein, sie kann aber auch Reaktion sein, und das halte ich nicht für etwas Negatives. Denn auch Beethoven ist ein Nachkomme gewesen! Ich meine, das gehört auch dazu.

Zimmerli:
Herzlichen Dank! Dann haben wir hier drüben eine Wortmeldung:

Frage:
Auch wenn es vielleicht nicht mehr aktuell ist, heute nach der Wahrheit zu fragen, oder ob etwas wahr oder falsch ist, möchte ich doch mal eine anachronistische Frage stellen, und zwar zu Ihrem Begriff der Kompensation. Also auf den ersten Teil. Sie behaupten ja, daß die Kompensation erfolgt, und zwar notwendig durch die Erfahrung der Endlichkeit. Also: Erfahrung der Endlichkeit ist Ursache für die Wirkung Kompensation. Damit stellen Sie ein notwendiges Ursache-Wirkung-Gefüge auf, und da möchte ich gern wissen von Ihnen, also da habe ich einfach die Schwierigkeit, das einzuordnen. Ist es psychologisch gemeint, dann brauchen wir nicht mehr drüber zu reden; wenn es aber philosophisch als These aufgestellt wird, erhebt es den Anspruch auf Wahrheit, ob Sie das nun wollen oder nicht wollen, wahrscheinlich eher weniger, aber wenn Sie den Anspruch aufstellen, müssen Sie auch begründen, (1.) daß eine notwendige Beziehung Ursache – Wirkung da ist, und das nicht einfach nur hinstellen, das ist halt so, und (2.) müssen Sie zeigen, daß die Formen dieser Kompensation, meinetwegen Museum oder Teddybär, daß diese auch tatsächlich richtig sind. Denn sonst könnte ich auch hingehen und sagen: ich schnüre mir die Schuhe zu als Kompensation dafür, daß ich nicht fliegen kann! Also, mir ist das ein bißchen zu willkürlich, also praktisch die Frage noch mal: 1. Notwendigkeit der Beziehung, woher nehmen Sie die, 2. die Arten der Beziehung, woher nehmen Sie die?

Marquard:
Was Sie willkürlich nennen, nenne ich liberal. Damit ist das Problem nicht vom Tisch, das gebe ich Ihnen gerne sofort zu. Ich bin sicher anspruchsloser in bezug auf die Härte des Erklärungsmodells. Mir genügen Plausibilitäten. Ihnen genügen Sie nicht, das weiß ich wohl. Jetzt haben Sie mir eine Tür geöffnet, indem Sie

gesagt haben: vielleicht ist das ja, was Sie treiben, Psychologie! Und den Psychologen kann man sowieso nichts Negatives nachsagen, nur Negatives nachsagen, ich weiß nicht, welche Formulierung Sie da vorziehen würden. Ich würde darauf hinweisen, daß es gerade in der neuesten Zeit eine Reihe von Philosophen gegeben hat, die sich selber besonders gern als Psychologen bezeichnen. Ich denke an Nietzsche und Kierkegaard. Ich gestehe gerne, daß ich zwar nicht von der Wahrheit ihrer Philosophie überzeugt bin, daß ich die aber besonders gern mag, und als ich angefangen habe, Philosophie zu studieren, habe ich mir vorgestellt, daß da u. a. die Aufgabe darin besteht, einige Sätze zu formulieren, die, sagen wir mal, auch bei Montaigne noch gut stehen könnten oder bei anderen Moralisten, eben bis hin zu Nietzsche und so. Und daß mich das reizt. Und wenn Sie jetzt sagen, was Ihr gutes Recht ist, das ist aber keine Philosophie! Dann würde ich sagen, das ist mir egal. Ich meine, ich bin ja in der guten Lage, emeritiert zu sein. Ich bin ein Leben lang für Philosophie bezahlt worden, ich darf das jetzt sagen, ohne daß ich schlimme Folgen befürchten muß!

Frage:
Wenn ich noch mal kurz nachhaken darf: Daß es keine Philosophie ist, habe ich vorläufig noch nicht gesagt. Ich habe nur gesagt: Wenn sich jemand hinstellt und Behauptungen mit dem Anspruch auf Wahrheit verkündet, dann möchte ich gerne – das ist ja wohl nachzuvollziehen – Begründungen dafür haben. Also ich möchte Erklärung. Wie kommt es dazu? Was macht diese Notwendigkeit aus. Also mehr will ich gar nicht wissen. Ich wäre ja schon zufrieden, wenn da mal was käme!

Marquard:
Also ich finde das ganz prima, was Sie sagen! Ich kann nur antworten in Form einer Rückzugsantwort. Natürlich haben Sie Recht auf Erklärungen. Erklärungen dauern lang. Dann hätte mich Herr Zimmerli nicht für zwei Vorträge, sondern für 14 Doppelstunden einladen sollen, und das weiß ich nicht, ob ich das in meinem Alter noch durchhalten würde. Aber Sie haben recht, an sich müßte das ausführlicher dargestellt werden, und dann müßten die Ansprüche, die Sie daran stellen, auch erfüllt werden. Da muß man darum in Diskussionen auch ringen.

Zimmerli:
Also die Frage, die sich hier versteckt und mir sehr wichtig zu sein scheint, ist, ob es nur eine Sorte von zugelassener Begründung gibt. Das müßte man natürlich auch noch diskutieren, ob so etwas wie strukturelle Identität, der Aufweis struktureller Identitäten, der ja prima facie sofort Plausibilitätseffekte auslöst, auch als Argument zugelassen ist oder nicht. Und dann müßte man sich natürlich noch darüber einigen, welche Argumentationsformen zugelassen sind. Dann würde man die veranschlagten 14 Doppelstunden wahrscheinlich leicht überschreiten.
Gut, also ich betrachte das als Angebot, ich werde das an den Rektor der Universität so weiterleiten; wir werden vielleicht einen Gastprofessor Marquard im übernächsten Semester haben.

Marquard:
Nein, nein, erst wenn ich hundert bin.

Zimmerli:
Gut, also ich bin ja noch ziemlich jung. Riskieren Sie das nicht!

Baumgartner:
Darf ich vielleicht auf die beiden letzten Anfragen und Kritikäußerungen Bezug nehmen. Vielleicht finden Sie in dem, was ich jetzt sage, Ihre Probleme wieder. Ich hatte ja vorher behauptet, und da hattest du mir zugestimmt, Odo, der Kompensationsgedanke könne vorwärts oder rückwärts ausgelegt werden. Das heißt was damit gemeint sein soll, hängt davon ab, welche Zeit man beurteilt. Er ist nicht a priori. Er ist kein apriorisches Konzept, das mir sagt, wie die Geschichte läuft. Und er ist sicher auch kein unmittelbares Handlungsprinzip, keine Handlungsanweisung. Man kann sich nicht in einer Situation hinsetzen und sagen: jetzt kompensiert mal schön! Man weiß ja nicht, was. Das heißt was geschieht oder getan wird, geht auf eine schöpferische Intuition zurück und ex post kann diagnostiziert werden, auf diese oder jene Weise ist eigentlich ein Kompensationsverhältnis vorhanden. Das heißt aber zugleich, daß die Geschichte nicht identisch ist mit einer Abfolge von kompensatorischen Leistungen. Ich weiß nicht, ob du dem zustimmen würdest. Es sind immer auch kompensatorische Leistungen wesentlich in der Geschichte. Aber die Geschichte ist sowieso ein Popanz, ein Projekt oder Konstrukt. Nur die deutschen

Idealisten haben gemeint, sie könnten sie begreifen. Und das ist ja der Vorzug von Plessner, Marquard u. a., daß sie eben hier zur Vorsicht mahnen. Gleichwohl gibt es jedenfalls nachweisbare kompensatorische Leistungen, und die gehören zu den interessantesten Phänomenen in der Geschichte. So würde ich es auffassen. Das heißt aber zugleich: Kompensation ist eine von möglichen Prozeßfiguren in der Geschichte; kein Prinzip, das a priori festlegt, was passiert bzw. wie man jetzt handeln muß, also auch keine Anweisung für konkretes Handeln. Jetzt komme ich aber mit einer Gegenfrage. Wenn ich da deine Zustimmung habe, dann fragt sich natürlich, was deine Bezugnahme auf Jacob Burckhardt für einen Hintersinn haben mag. Jacob Burckhardt hat von dem Gesetz der Kompensation gesprochen und von einer ihm zugrundeliegenden Ökonomie der Menschheit, und er hat vielleicht daran geglaubt. Also eine Ökonomie der Weltgeschichte, die zugleich tröstet. An dieser Stelle wird es nun wirklich interessant; insofern, als dieses Gesetz der Kompensation auch noch ökonomisch sein soll, und da ist jetzt meine Frage an Odo Marquard: Wenn du dieses Gesetz der Kompensation zitierst, hast du dann nicht auch eine Art Hintergrundökonomie, einen Gesamthaushalt der Menschheit im Auge, der nach dem Bild der Waage oder der Idee des Gleichgewichts Natur sowohl wie Weltgeschichte bestimmt und die Menschen tröstet? Einerseits würdest du mir zustimmen zu sagen, nicht hochstilisieren, Kompensation ist kein Gesetz der Geschichte; andererseits ist es bei Jacob Burckhardt doch so etwas wie ein historisches Gesetz, eine Art Ökonomie der Weltgeschichte. Stimmst du dieser zu oder nicht? Und wodurch grenzt du dich von Burckhardt ab?

Marquard:
Wenn ich antworten darf. Vielleicht darf ich die Antwort einleiten mit der Bemerkung, wie ich auf die Burckhardtstelle aufmerksam geworden bin. Das ist vielleicht ganz interessant, um zu sehen, wie es in der Werkstatt aussieht! Harald Weinrich hatte mir einen Brief geschrieben und gefragt, ob ich ihm noch Literatur über das Thema Glück schicken könnte. Da dachte ich, Weinrich hat immer ohnehin schon alles gelesen, also es muß irgendwas Ausgefallenes sein. Dann fiel mir ein, daß in den Weltgeschichtlichen Betrachtungen, die Sechste ist es, glaube ich, über Glück und Unglück in der Weltgeschichte handelt. Ich dachte, das gibt noch am

ehesten eine Chance, daß er daran im Augenblick nicht denkt, daß auch das eine Glücksstelle ist. Schreib's ihm mal. Und dann habe ich natürlich vorsichtshalber nachgeschaut, ob meine Erinnerung richtig ist. Und da sah ich: in meinem Kröner-Bändchen, da steht als Kolumnentitel drüber: Das geheimnisvolle Gesetz der Kompensation. Daran arbeitete ich begriffsgeschichtlich im Augenblick. War natürlich hocherfreut, vergaß fast, den Brief an Weinrich zu schreiben, und hatte zugleich in folgendem Problemkontext eine sehr sympathische Position für mich. Der Kontext war folgendes: Wir arbeiteten damals sehr stark mit geschlossenen Geschichtsphilosophien. Wo also der Geschichtsphilosoph den großen Fahrplan kennt, ich hatte das ja erwähnt. Was macht man, wenn man über die Geschichte etwas sagen will und eine solche geschlossene Geschichtsphilosophie nicht mehr hat? Das war die Fragestellung. Gibt es irgendwelche Verläufe in der Geschichte? Dann kam die Theorie der Geschichte als Gruppe, die darüber diskutieren wollte, und da schien mir die Burckhardtsche Position außerordentlich vernünftig zu sein. Erstens erwägt er dieses geheimnisvolle Gesetz der Kompensation, zweitens sagt er ausdrücklich, man solle aber mit diesem Troste sparsam umgehen, da wir doch kein bündiges Urteil über solche Verluste und Gewinnste oder Gewinnste und Verluste haben, dies ist also eine sehr vorsichtige Position. Und das war der Anstoß zu weiterer Suche: Zugleich behandelt er dieses Gesetz als eine Art selbstverständliches Gesetz. Und da dachte ich, der Burckhardt, so ein Skeptiker wie der ist, der behandelt doch gar nichts als selbstverständlich. Also muß er von etwas sprechen, was in der Zeit allenthalben diskutiert wird. Und ich kann zwar immer noch nicht sagen, was hat er nun direkt gelesen, also etwa da einen Nachweis führen, aber es gibt als Angebot zwei Möglichkeiten, nämlich der Emersonsche Essay über ‚Compensation' oder aber, was vielleicht noch wahrscheinlicher ist, das damals viel gelesene Buch über die Kompensation in den Schicksalen der Menschen von Pierre Hyazinthe Azaïs. Es muß offenbar ein sehr stark gelesenes Buch gewesen sein, darum der Eindruck, als würde er dort ein fast festgestelltes und bestätigtes Gesetz behandeln. Was er aber so sicher nicht gemeint hat.

Zimmerli:
Herzlichen Dank! Da war noch eine Wortmeldung vorhin aus dem Plenum? Darf ich fragen, wo die abgeblieben ist?

Frage:
Menschliche Endlichkeit und menschliches Schicksal; d. h., wir sterben eines Tages alle mal. Aber ist unser ganzes Handeln nicht darauf ausgerichtet, diese Endlichkeit zu beeinflussen? Das heißt, tun wir nicht alles, um länger zu leben, um uns entsprechend gegen dieses Schicksal zu wehren? Und ist dann nicht diese Folge – Endlichkeit und Kompensation derselben – nicht eher so, daß wir handeln, um unsere Endlichkeit zu beeinflussen?

Marquard:
Da ist was dran! Obwohl ich nicht ganz so sicher bin, ob das nur in die Richtung geht, den Tod hinauszuschieben. Ich weiß nicht. Das kann ja auch ein bißchen komplizierter und anders sein. Das hängt nun damit zusammen, wie man die Endlichkeit beurteilt. Ich habe längere Zeit versucht, mich mit dem Gedanken anzufreunden, daß die Kürze des Lebens ein Trost sei. Wissen Sie, ich habe etwas gegen Langstreckenläufe. So anstrengend. Und darum war ich eigentlich ganz befriedigt, daß das menschliche Leben kein Langstreckenlauf ist. Sondern ein Kurzstreckenlauf. Da braucht man nicht so sehr sich anzustrengen, aber ich glaube, die Überlegungen dieser Art sind auch nur ein Trost, mit dem man sparsam umgehen soll, weil wir doch kein bündiges Urteil haben – grundsätzlich haben Sie natürlich recht. Wir versuchen, zumindest mit unserer Endlichkeit zu leben. Umzugehen mit der Endlichkeit, und da könnte man ja auch auf den Gedanken kommen, daß Kompensationen tatsächlich zu den Aktionen gehören, die dazu dienen.

Zimmerli:
Hier vorne war noch eine Wortmeldung?

Frage:
Ich habe meine Schwierigkeiten mit der Abgrenzung des Begriffs der Kompensation und eine Frage, die geht an Herrn Baumgartner. Ich will zu dieser Schwierigkeit zwei Aspekte ansprechen, das eine ist die Definition von guten und schlechten Kompensationen, die Sie versucht haben, und haben dabei als Beispiel für eine schlechte Kompensation den beschleunigten Fortschritt genannt. Nun gab es aber Zeiten, in denen der Fortschritt sehr positiv beurteilt wurde, und es ist also erst eine sehr neue Entwicklung, daß wir den als negativ empfinden, das ist der eine Aspekt; der andere

Aspekt, den ich ansprechen wollte, war das vorhin genannte Gegenüber von Bewahrung und Innovation – es wurde das Komponieren einer Sonate genannt –, und ich wollte fragen, ob es nicht überhaupt für menschliches Handeln grundsätzlich zutrifft, daß immer etwas aus der Tradition stammt und dann etwas Neues dazukommt? Das kann doch nicht nur für die Kompensationshandlungen oder sonstige Dinge zutreffen, sondern betrifft menschliches Handeln überhaupt.

Baumgartner:
Zunächst ich? Ich glaube, die zweite Frage ist eher an Odo gerichtet. Was die guten und schlechten Kompensationen betrifft, da habe ich mich bezogen auf den Vortrag von Odo Marquard; aber meine Absicht war nicht, primär darüber zu diskutieren, ob die Bewertungen im Detail stimmen. Ich würde freilich zustimmen, daß die von Odo Marquard beschriebene Beschleunigung, also das ständige Sichüberholen von Fortschritten negativ zu bewerten ist, weil es dazu führt, daß man im Grunde genommen überhaupt nicht mehr in einer Gegenwart lebt, sondern nur dem jeweils Neuesten hinterherhechelt. Meine Frage jedoch war: Wenn man wie Odo Marquard eine Kompensationstheorie entwirft, muß man dann nicht Kriterien für gute und für negative Kompensationen haben? Außerdem wollte ich damit verdeutlichen, daß mir mindestens ein schwacher Vernunftbegriff – um mit Gianni Vattimo zu reden – hierfür nötig zu sein scheint. Aber darüber müßte man noch weit ausführlicher reden. Dies jedenfalls war eigentlich mein Punkt.

Frage:
Darf ich da noch einmal nachhaken? Ich habe eben genau hier den Eindruck, man kann diese Kriterien nicht anwenden oder nicht absolut setzen, weil sie historisch definiert sind. Es wandelt sich im Laufe der Zeit.

Baumgartner:
Das schon, aber es gibt einen Grundsinn, der sich in all dem nicht wandelt. Dies läßt sich auch an der Unterscheidung bonum delectabile, bonum utile, bonum honestum zeigen. Was im einzelnen Vergnügen bereitet, was als nützlich erscheint, was als ehrenwert gilt, mag subjektiv verschieden sein und auch historisch sich wandeln, aber die Unterscheidung selbst gilt seit den Griechen und

Cicero über Kant etc. bis heute. Man muß sicher das Geschichtliche durchaus im Blick behalten, aber es gibt so etwas wie Grundmuster in der Geschichte. Auch die Kompensationsvorstellung, die ja nicht die ganze Geschichte umfaßt, alle Prozesse, sondern nur bestimmte, ist so eine Art Grundmuster, das sich durchhält, das insbesondere in der modernen Zeit eine spezifische Bedeutung gewonnen hat. So jedenfalls Odos These, und der kann ich mich ohne Schwierigkeit anschließen.

Marquard:
Ich habe mir als Antwort auf Ihre zweite Frage notiert: Ja. Und jetzt hab ich mir leider nicht mehr notiert! Ich weiß noch, daß es um einerseits alle Handlungen ging und andererseits Kompensationen. Und daß für beide etwas charakteristisch ist. Aber was war's noch? Können Sie mir helfen?

Frage:
Das war die Schwierigkeit der Abgrenzung von Kompensation gegenüber allgemeinem menschlichen Handeln, das aus einer Tradition kommt und in eine Innovation geht.

Marquard:
Ist schwierig.

Baumgartner:
Aber Odo, vielleicht ist das der Punkt, wenn du gestattest. Handeln und Kompensieren sind nicht dasselbe. Handeln findet im Horizont von Vergangenheit, Traditionen und im Lichte möglicher Zukunft statt; der Begriff der Kompensation ist aber ein Interpretationsbegriff für Geschehenes. Und nicht ein Prinzipienbegriff, kein Begriff einer Handlungsanweisung, nach dem Muster: ‚so setz' dich hin und kompensier' jetzt!' Er ist ein Leitfaden für Verständnisvollzüge. Daß Interpretation zu schwach ist, ist mir schon klar. Um bestimmte Prozesse zu verstehen, ist „Kompensation" der genauere Begriff. Und er hat vor allem einen anderen Zuschnitt als der Handlungsbegriff. So jedenfalls würde ich das . . .

Marquard:
Ich bin nicht ganz sicher. Ich würde meinen, auch der Handlungsbegriff hat ähnliche Funktionen, sich klar zu werden über das, was

passiert ist, und was mich insbesondere interessieren würde, wäre: Sind Kompensationen überwiegend zuordenbar zu Handlungen oder zu Widerfahrnissen. Das ist die Frage. Ich glaube nicht, daß also letztendlich diese Zuordnung möglich ist. Es gibt Kompensationen, die Handlungen sind, gibt Kompensationen, die Widerfahrnisse sind, es gibt Kompensationen, die Mischungen zwischen beiden sind. Insofern würde ich in der Tat die Abgrenzbarkeit für schwierig halten, und das ist mein ‚Ja‘ gewesen, so schlimm ist das doch nun wieder nicht. Ich meine, wenn wir leben, leben wir. Und wir leben handelnd und wir leben, indem uns Dinge widerfahren, Schicksalsschläge kommen, Glücksfälle zustoßen, und wir leben auch so, daß Gemische von beiden uns heimsuchen oder beglücken. Das gehört zum Leben, und insofern, warum sollte man da so stark abgrenzen. Das ist vielleicht das Marquardsche Faulheitsprinzip, das hier waltet. Kinder, nur nicht so viel tun!

Zimmerli:
Die Frage scheint mir, wenn ich sie recht verstehe, vielleicht andersherum formuliert werden zu müssen: Gibt es überhaupt irgendetwas, was nicht als Kompensation interpretiert werden kann? Und darin läge dann natürlich ein gewisser Einwand, weil damit auch die interpretatorische Schärfe des Kompensationsgedankens verlorenginge.

Marquard:
Ja. Dann wäre der Begriff der Kompensation überflüssig. Das ist sicher, und dann würde wiederum das Faulheitsprinzip, das Marquardsche, gebieten, tu nicht zu viel, gebrauch ihn nicht zu häufig! Mäßig, aber regelmäßig!

Zimmerli:
Und – immer öfter!

Frage:
Beinhaltet Ihre These von den Menschen, die immer etwas statt dessen tun können, daß man alles nur statt etwas anderes macht und dadurch praktisch ständig kompensiert? Ich mache das und kompensiere damit etwas anderes?

Marquard:
Ja, es ist häufig so. Aber ich meine, die Kollegen und auch die

Diskutanten machen mich mit Recht darauf aufmerksam, wenn man sagt, es ist immer so und überall so, daß die Sache dann an Pfiff verliert. Und daß dann der Begriff langweilig wird und ich meine, ich bin halt ein bißchen nicht nur Philosoph, sondern Transzendentalbelletrist, ich bin halt eben dadurch ein bißchen Schriftsteller, und das bringt mich in die Verfassung, Dinge zu präsentieren, auch zu schreiben, die nicht langweilig sind. Und wenn das Ding langweilig würde, dann müßte ich weiterziehen. Und das ist keine gute Begründung in Ihrem Sinne, das weiß ich auch.

Zimmerli:
Vielleicht darf ich, da sich jetzt plötzlich die Zahl der Hände vermehrt – zumindest derer, die hochgehalten werden –, jetzt doch sagen, daß wir zwei Kriterien für das Ende unserer Diskussion ausgemacht hatten. Das eine ist, wir wollten um 10 Uhr Schluß machen. Das zweite Kriterium war nicht in Form eines Kriteriums, sondern in Form einer Frage formuliert. Als wir vorhin in den Saal kamen, hat einer von uns die Frage gestellt: Wieviel des Saales wollen wir leerdiskutieren? Und ich würde sagen, so ungefähr jetzt ist genug des Saales leerdiskutiert! Also, ich werde noch eine Frage, weil Sie sich so schnell gemeldet hatten, zulassen und dann völlig dezisionistisch abbrechen, noch einmal hier aufs Podium geben und den Rest auf die Kellerdiskussion verschieben!

Frage:
Mir geht es um die Prognosefähigkeit Ihres Kompensationsmodells. Das heißt, ich denke oder sehe den Sinn in einem Modell, in der Theorie in der Prognosefähigkeit. Und mir scheint jetzt, daß Sie eigentlich nur ex-post-Erklärungen liefern können. Ich möchte wissen, wie Sie da weiterdenken, daß es zu einem sinnvollen Ganzen dann kommt. Denn wenn ich die Kompensation als eine Erklärung unter vielen ansehe, und noch andere, auch die Innovation wurde als weiteres Gedankenmodell genannt, dann verliert es etwas an Sinn, weil ich immer nur rückblickend was sehen kann; es bringt ja für die Zukunft nichts Neues. Und es sind auch schon viele Gedankengänge vorher in diese Richtung gegangen, da würde mich eine Stellungnahme interessieren.

Marquard:
Meinem Eindruck nach haben Sie recht mit der Diagnose. Der

Kompensationsbegriff wird in der Regel retrospektiv eingesetzt. Das hatte ja auch Hans Michael in besonderer Weise begründet. Für mich hängt das mit der allgemeinen Nachträglichkeit des Menschen zusammen, aber das allein reicht nicht, denn über den Menschen lassen sich auch Prognosen machen. Und das ist ja gut, daß das möglich ist. Es gehört zur Geschichte, zur Geschichtsschreibung, daß man retrospektiv verfährt, also erzählen tut man immer hinterher, das ist so. Und eine Handlung ex ante zu erzählen, das ist nicht möglich. Und Kompensationsbeschreibungen sind in der Regel Erzählungen. Und darin unterscheiden sie sich, auch das ist ein Punkt, nicht sonderlich von anderen Geschichtserzählungen, also Geschichtsschreibungen. Es ist möglicherweise ein prognostisches Element drin. Nämlich so, wie in allen Geschichten ein prognostisches Element drin ist. Weil es einmal sich so entwickelt hat, darum könnte es sein, daß ein zweites Mal das denselben Lauf nimmt. Nun ist das eine sehr bescheidene Form von Prognose, aber sie hat nicht nur in der Geschichte Geltung. Mir ist aufgefallen, daß die Wetterleute, wenn sie Prognosen machen, ja auch nicht immer die sichersten sind, aber das muß man in Kauf nehmen. Daß die häufig doch, obwohl sie vom 100jährigen Kalender nicht unbedingt überzeugt sind, doch sagen, die Wetterlage hatten wir schon mal. Dann kommt irgendein Jahr raus, wo ich mir überlege, wie haben die das damals schon festgestellt . . . Ich will's nicht ausmalen. Und aus dieser Wetterlage hat sich das und das entwickelt. Das könnte diesmal genau so kommen. Wir müssen an die Möglichkeit denken, und beim Warnsystem, wenn sich da ein starker Orkan entwickelt hat, funktioniert es vielleicht ganz gut, das als Warnmittel zu benutzen. Wobei nicht die Garantie abgegeben wird, daß da wirklich was Fürchterliches kommt. Soweit ich weiß, sind auch Wirtschaftswissenschaftler bei ihren Prognosen gern bei der Hand und häufig bei der Hand damit, daß sie sagen, diese Wirtschaftslage hatten wir schon einmal, und da hat sie sich so und so entwickelt, jetzt könnte ich dasselbe erzählen wie beim Wetter. Also in einer sehr sehr schwachen Form prognostisch kann das schon sein.

Zimmerli:
Herzlichen Dank! Wir wollen, wie eben gerade von mir demokratisch beschlossen, zunächst Hans Michael Baumgartner um seine

Schlußbemerkung bitten, dann Odo Marquard um seine, und was ich sage, ist dann das letzte!

Baumgartner:
Ich habe eigentlich nicht sehr viel mehr zu bemerken als festzuhalten, daß Odos Anspielung auf Jacob Burckhardt, was den geschichtlichen, den historischen Gebrauch der Kompensationsvorstellung betrifft, nicht so weit reicht, wie sie offensichtlich unter geschichtsmetaphysischem Gesichtspunkt reichen würde. Trotzdem gibt es mir immer noch zu denken, wenn ich gelegentliche Formulierungen zur Kompensationstheorie von Odo selbst lese, wenn er z. B. sagt: „Die Fortschrittswelt erzwingt eine kompensatorische Kontinuitätskultur." Da schlägt dieses Gesetzmäßige der Geschichte, die Vorstellung einer irgendwie im Hintergrund stehenden Ökonomie, doch durch, ohne daß dieses „Erzwingen" nun im Sinne einer historischen oder geschichtsphilosophischen Theorie, die Prognosen erlaubt, gemeint sein kann.Und darauf möchte ich beharren. Ansonsten halte ich die Überlegungen zum Homo compensator in einer Art Erweiterung der Plessnerschen Theorie für äußerst fruchtbar. Ich selber neige dazu – und deshalb, aber nicht nur deshalb, meine Hommage an Odo Marquard –, die Theorie der endlichen Vernunft als eine anthropologische Theorie zu formulieren. Und das heißt, daß die mir wichtig gewordenen Stichworte andere Perspektiven geben, im Grunde aber dieselbe Sache meinen.

Zimmerli:
Herzlichen Dank, Hans Michael!

Marquard:
Gut. Meine Bemerkung ist auch ganz kurz. Ich habe zuweilen mir selber zurechtgelegt das Kompensationskonzept als bezogen auf Ergänzungen ohne Ganzes. Das ist eine paradoxe Formulierung, die mit Absicht erinnern soll an die paradoxen Formulierungen der Kritik der Urteilskraft bei Kant. Gemeint ist folgendes: In der geschlossenen Geschichtsphilosophie kennt man normalerweise das Ganze der Geschichte; Fichtes Grundzüge des gegenwärtigen Zeitalters entwerfen einen Geschichtsverlauf, der insgesamt bekannt ist und wo man dann sogar noch sagen kann, wo man steht, nämlich in der dritten Epoche. Und ich meine, das ist nur eine

etwas variierte zweite Epoche eines Dreistufenmodells. Und da weiß man, was noch aussteht, um das Ganze zu erreichen, und man weiß, was man schon hinter sich gebracht hat. Bei der Kompensation kennt man dieses Ganze nicht. Trotzdem macht man so was Ähnliches wie eine halbspekulative Aussage. Also es ist, wie du mit Recht gesagt hast, ein Stück Geschichtsphilosophie drin. Ich hab nur nicht den Eindruck, daß ich da so eine Ökonomie der Geschichte insgesamt habe, weil das Ganze nicht im Blick ist. Es hat also einen Charakter in etwa wie die Zweckmäßigkeit ohne Zweck bei Kant. Und so ist also die Ergänzung ohne Ganzes zu verstehen. Ich gerate damit in die Gefahr auch, daß die Kompensationskategorie eine dem Ästhetischen sich annähernde Kategorie ist. Ja ist das immer schlimm, meine Damen und Herren? Ich plädiere zumindestens auf mildernde Umstände!

Zimmerli:
Ja, meine Damen und Herren, wir haben jetzt diesen Teil der Hegelwochen 1994, der eigentlich die ganzen Hegelwochen 1994 ausmachte, gäbe es nicht noch eine Fortsetzung der Hegelwochen 1994 in Form eines Appendix, der am Donnerstag stattfindet, hinter uns. Wir haben an drei Abenden eindrucksvoll dokumentiert bekommen, daß es mehr Sorten des Philosophierens oder meinetwegen auch der psychologischen Redeweise oder meinetwegen auch der ästhetischen gibt, als wir uns, wenn wir von rigiden Methodenkriterien ausgehen, selbst zugestehen wollen. Wir haben auch gemerkt, daß die Stärke dieses Kompensationsmodelles vermutlich genau seine Schwäche ist. Die Stärke des Kompensationsmodelles liegt nämlich darin, daß es nicht alles erklären will. Die Stärke des Kompensationsmodelles liegt darin, daß es nicht alles prognostizieren will und daß es trotz alledem eine eigentümlich plausible Anmutungsqualität hat, die einem erlaubt, vieles anders zu sehen als vorher, und das scheint mir schon das Wichtigste zu sein bei philosophischen Theoremen, daß sie erlauben, etwas anders zu sehen als vorher.
Wir haben über einen Kontext gar nicht diskutiert oder jedenfalls nicht explizit diskutiert, der in der ersten Endlichkeit, die kompensationspflichtig ist, drinsteckte, nämlich die Frage, wie es denn eigentlich mit dem einzigen handelnden Wesen steht, das gemäß dieser Theorie in der Theorie zwar vorkommt, aber nichts kompensiert: nämlich Gott. Gott ist das einzige Wesen, das nicht endlich

ist; alle endlichen handelnden Wesen aber sind kompensierende Wesen, daraus kann man vermuten (wenn auch nicht logisch ableiten), daß vermutlich ein Wesen, das nicht endlich ist und handelt, ein nichtkompensierendes Wesen ist, und dann wäre ja interessant zu erfahren, was es damit auf sich hätte. Darüber hinaus aber haben wir auch heute abend, glaube ich, und deswegen bin ich besonders glücklich über dieses Gespräch, eine Möglichkeit erlebt, wie eine Podiumsdiskussion stattfinden kann, ohne daß jeder, der am Podium teilnimmt, sich auf Kosten des jeweils anderen profiliert. Und das ist eine Ausnahme bei Podiumsdiskussionen, dafür will ich allen auf diesem Podium, mich selbst eingeschlossen, ganz herzlich danken.

Meine Damen und Herren! „Neue Bürgerlichkeit und die Wiederkehr des Individuums" war das Motto der diesjährigen Hegelwochen. Die Wiederkehr des Individuums ist nicht so sehr über den propositionalen Gehalt dessen, was mitgeteilt wurde, thematisiert worden, aber doch sehr stark über den performativen Gehalt. Das heißt, man sieht und bemerkt, daß Philosophieren nicht zuletzt eine Sache desjenigen oder derjenigen ist, der oder die philosophiert, und es ist vielleicht auch wieder einmal wichtig, sich ins Gedächtnis zu rufen, daß Philosophie etwas Personen- und Individuenabhängiges ist, das selbstverständlich Geltungsansprüche formuliert, die weit darüber hinausgehen, aber ohne die Beziehung auf die Person und ihren spezifischen Stil gar nicht sinnvollerweise bestimmt werden können. Gerade dafür danke ich an dieser Stelle Odo Marquard noch mal ganz herzlich: daß wir alle diesen Eindruck, glaube ich, sehr lebendig mit nach Hause nehmen dürfen. Insofern ist Odo Marquard wenn auch nicht Fichteaner, so doch Beispielsfall für ein Fichtesches Theorem, daß die Art und Weise, wie man philosophiere, nicht zuletzt davon abhänge, was für ein Mensch man sei.

Und schließlich lernen wir etwas – daß ich das sage, wird Sie nicht verwundern –, nämlich, daß wir eine Tugend wieder neu entdecken müssen, die das 18. Jahrhundert perfekt beherrscht hat, die Leibniz perfekt beherrscht hat und die die Leibnizianer perfekt beherrscht haben: die Tugend des Eklektizismus. Daß wir uns viele verschiedene Theoriemodelle anschauen müssen, um zu merken, daß es mit den Geltungsansprüchen eines, und nur eines Theoriemodells nicht so weit her ist, um dann vielleicht zu bemerken, daß gerade die Pluralität eine entscheidende neue Chance bietet. Ich danke allen Teilnehmerinnen und Teilnehmern an der Diskussion, ich danke Ihnen auch für Ihre Geduld und Ausharrwilligkeit und ich danke natürlich insbesondere den Podiumsdiskutanten, ich danke Hans Michael Baumgartner, der eigens, aber wie er mir versicherte, gerne, hierhergekommen ist, und ich danke ganz besonders noch mal Odo Marquard, der uns diese halbe letzte und ein Sechstel dieser Woche inhaltsreich, gewichtig und unterhaltsam geschildert und gefüllt hat. Man kann vielleicht das Horaz-Diktum über die Poeten in diesem Falle wirklich auf den Philosophen ausdehnen, daß es nicht nur um das Nützen, sondern auch um das Erfreuen der Menschen gehe, ich bedanke mich bei Odo Marquard für die Freude, die er uns gemacht hat!

Und damit danke ich zugleich jemandem, der sonst im Regelfalle nicht explizit genannt wird, ich danke stellvertretend für alle, die hier geholfen haben, ganz besonders Stefan Wolf für seine emsige und nahezu unfehlbare Vorbereitungsarbeit!

Ehrenpromotion Hans-Georg Gadamer

Hermann Liebel

Begrüßung

Sehr geehrter Herr Bürgermeister Grafberger,
sehr geehrter Herr Vizepräsident Prof. Dr. Oechsler,
Spectabiles,
verehrte Kolleginnen und Kollegen aus allen Fakultäten unserer Universität,
hochgeschätzte Freunde und Gönner unserer Fakultät,
liebe Studentinnen und Studenten,
sehr geehrte Damen und Herren!

Wir haben uns hier versammelt, um einen großen Philosophen mit dem Doctor honoris causa der Fakultät Pädagogik, Philosophie, Psychologie zu ehren. Als Dekan darf ich Sie dazu alle recht herzlich begrüßen.
Als ich vor fast genau 30 Jahren an der Universität Basel als studentischer Neuling mein Studium begonnen hatte, fragte ich, von allem um mich herum sehr beeindruckt, aber auch leicht verunsichert, nach einer Vorlesung einen meiner ersten akademischen Lehrer, Prof. Dr. Hans Kunz, was denn für das Studium der Philosophie und Psychologie die wichtigste Literatur sei. Er versprach mir, bis zur nächsten Vorlesung eine entsprechende Liste zusammenzustellen, was er auch tatsächlich tat. Er gab mir eine Liste mit ungefähr 20 Titeln, mit der ich schleunigst zur Buchhandlung ging und alle Bücher gleich bestellte. Darunter war ein Buch, das mich bis auf den heutigen Tag begleitete: sein Titel „Psychologische Anthropologie", herausgegeben von Hans-Georg Gadamer und Paul Vogler. Hätte mir damals jemand prophezeit, daß ich ein Vierteljahrhundert später dem ersten der beiden Herausgeber eine Ehrenpromotionsurkunde überreichen dürfe, wäre mir dort ein genereller Zweifel an der prognostischen Validität von Aussagen zur Überzeugung geworden. – Herzlichst willkommen in unserer Mitte, Sie, hochgeschätzter Herr Professor Gadamer, zusammen mit Ihrer sehr verehrten Gattin!

Wir freuen uns darauf, zusammen mit Ihnen eine würdige und von vielen von uns auch sehr persönlich empfundene Feierstunde zu haben.

Mein Dank gilt Ihnen, meine Damen und Herren, die Sie durch Ihre Anwesenheit Ihr hohes Interesse an dem zu Ehrenden und an unserer Universität bekunden. Ein besonderer Dank gilt Herrn Kollegen Prof. Dr. Zimmerli, dessen Anregung auf Ehrenpromotion von Ihnen, Herr Gadamer, der Fachbereichsrat unserer Universität gerne aufgegriffen hat, Herrn Zimmerli, der auch die Laudatio halten wird. Dank ebenso allen Mitarbeiterinnen und Mitarbeitern seines Lehrstuhls und des Dekanats, die sich nach Kräften für das Gelingen unserer Feier eingesetzt haben. Weiterer Dank gilt den Bamberger Bach-Solisten, die uns bereits in hervorragender Weise in diese festliche Stunde hineingeleitet haben.

In seinem Brief vom 18. Juni 1994 bittet mich der vormalige Präsident unserer Universität, Herr Prof. Dr. Oppolzer, der wegen eines lange anberaumten auswärtigen Termins heute leider nicht hier sein kann, Ihnen, verehrter Herr Gadamer, seine besten Grüße und Glückwünsche zu übermitteln, und er erinnert darin – gültig für sehr viele hier Anwesende – an Ihre großartigen Vorträge über „Hegel und die Sprache der Metaphysik“, als 1990 die ersten Hegelwochen noch ein Experiment mit ungewissem Aus- und Fortgang waren. Auf den von Ihnen gelegten Fundamenten konnte, wie wir heute sehen, erfolgreich aufgebaut werden.

Vor wenigen Wochen konnte ich anläßlich einer Vortragsreise nach Ostasien beobachten, wie am frühen Morgen einfache Leute buddhistischen Mönchen Lebensmittel für deren Daseinsunterhalt mit großer Ehrerbietung überreichten. Mir fiel dabei auf, daß es nicht die Beschenkten waren, die sich für die Gaben bedankten. Nein, es waren die Geber, die sich mehrfach und intensiv dafür bedankten, daß die Geschenke zu ihrem eigenen Heile angenommen wurden. Diese Begebenheit kam mir spontan in den Sinn, als ich in dem erwähnten Schreiben den Satz las: „Mit der Annahme der akademischen Ehrung ehrt Herr Gadamer die Fakultät und über diese hinaus die gesamte Universität.“ Ich hoffe und wünsche mit unserer ganzen Fakultät, daß es Sie freut, von uns hochgeschätzt zu sein, wobei allerdings sicher ist, daß Sie uns mit der Annahme der Ehrenpromotion, durch Ihre Verbundenheit mit unserer Universität, mit Ihrem Engagement an den Hegelwochen und insbesondere Ihrem heutigen Vortrag mehr schenken, als wir in der Lage sind zurückzugeben.

So wünsche ich uns allen zusammen mit Ihnen und Ihrer Gattin einen würdigen, aber doch auch sehr persönlichen Festakt!

Walther Ch. Zimmerli

Die Aktualität des Hermeneutischen

Laudatio

„Laudatio" heißt es im Programm – Hans-Georg Gadamer zu loben ist mithin meine Aufgabe. Und da ist guter Rat teuer, denn was ließe sich über ihn sagen, was nicht schon gesagt wäre, wie könnte man über ihn anders als mit geliehener Stimme sprechen? So beginne ich denn damit, daß ich eine Selbstverständlichkeit sage, aber sie, um nicht etwas Selbstverständliches zu sagen, aller akademischen Usanz zum Trotz, aus einem der Gutachten zitiere, die aus Anlaß der Ehrenpromotion Hans-Georg Gadamers eingeholt wurden:

„Zunächst möchte ich Ihnen zu der Absicht, Hans-Georg Gadamer zum Ehrendoktor Ihrer Fakultät zu erheben, gratulieren. Ehrenpromotionen sollten stets Akte sein, mit denen nicht nur der Auszuzeichnende geehrt wird, vielmehr überdies auch die ehrende Fakultät ihr Ansehen und ihre Geltung mehrt. Es gibt, und zwar weltweit, gegenwärtig nur wenige Philosophen, mit deren Ehrenpromotion so ganz und gar unzweifelhaft deren erläuterter Doppelzweck verbunden sein würde."

Und ich zitiere nochmals – diesmal allerdings nicht aus dem Gutachten eines aus Gründen der akademischen Schweigepflicht Ungenannten, sondern aus meiner eigenen Stellungnahme: „Nur der Lächerlichkeit preisgeben kann sich der Schüler, wenn er über den Lehrer im Gestus des Gutachters schreibt. Und so gibt es denn niemanden, der gegenwärtig im Wortsinne ein Gutachten über den Philosophen Hans-Georg Gadamer schreiben könnte. Denn in Abwandlung eines Diktums von Novalis über Ritter läßt sich derzeit in bezug auf Hans-Georg Gadamer nur sagen: Er ist Lehrer, und wir sind alle Schüler."

Damit ist aber zugleich auch der Ausweg gewiesen, nach dem Muster, das der von unserem neuen Ehrendoktor geliebte Hölderlin in der Patmos-Hymne auf die Formel bringt, die auch der von Gadamer verehrte Lehrer Martin Heidegger gern zitierte: „Wo aber Gefahr ist, wächst das Rettende auch."

Wo also die Gefahr ist, sich durch den Versuch zu blamieren, den Philosophen zu begutachten oder gar zu beurteilen, der in einem ausgeprägten Sinne unser aller Lehrer ist, da wächst das Rettende auch: eben darin, daß neben und hinter dem großen Denker der Mensch, die Person, der Lehrer Hans-Georg Gadamer nie verschwindet. Ihm, dem Menschen, der Person, dem Lehrer, gelten daher meine Worte. Es wäre daher unangemessen, weiter von Ihnen, sehr verehrter Herr Gadamer, in der dritten Person zu sprechen. Warum? Nun – um wieder Hölderlin zu zitieren – weil und „seit ein Gespräch wir sind und hören können voneinander".

Sie haben, lieber Herr Gadamer, uns die Ehre und Freude gemacht, die ersten Bamberger Hegelwochen vor nunmehr vier Jahren als Hauptredner zu eröffnen, und haben dabei den Schlußabsatz Ihres zweiten Bamberger Hegelvortrages mit diesem Hölderlinvers begonnen. Lassen Sie mich Ihnen und den zu Ihren Ehren hier Versammelten in Erinnerung rufen, was Sie zu diesem Vers sagten: „Den Hölderlinschen Vers kann man z. B. so verstehen: seit Götter und Menschen voneinander hören können. Man kann sehr wohl auch anders verstehen, nämlich: seit wir aufeinander hören können. Was ist hier ‚einander'? Da haben wir wieder die unvergleichliche Schwebe zwischen zwei voneinander scheinbar grundverschiedenen Weisen, diese Verse zu verstehen. Das gibt uns vielleicht einen Wink auf eine höhere Wahrheit als die unseres verständigen Denkens, in dem das ‚einander' immer beides ist, das Einander der Menschen miteinander und das der Menschen mit den Göttern. Bei Hegel und Hölderlin wissen wir das nicht zu unterscheiden."

Die Anwesenheit des Göttlichen, die „göttliche Neigung der Sprache", wie unser Namenspatron Hegel das genannt hat, im zwischenmenschlichen Gespräch – dies in einer zwischen den Menschen verständlichen Sprache zum Ausdruck zu bringen, war die Lebensaufgabe, der Sie sich vollständig hingegeben haben. Daß es dabei mehr auf das Hören als auf das Sprechen ankommt – wenn wir Jüngeren dies von jemandem gelernt haben, dann von

Ihnen. Und in einem Gespräch mit Bernhard Borgeest, das vor gut einem Jahr in der ZEIT erschien, bringen Sie es auf den knappsten Nenner: „Der Philosophietitel dazu heißt Hermeneutik. Die Möglichkeit, daß der andere was zu sagen hat." Das ist höchstsprachliche Verdichtung, ‚Elementarisierung', wie es die Pädagogen wohl nennen würden, und damit das, was philosophische Prägnanz ausmacht. Hermeneutik als das Ernstnehmen der Möglichkeit, daß der andere was zu sagen hat – wer diese Formel gehört hat, vergißt sie nie mehr.

Sie haben, Herr Gadamer, wie ich vorhin bereits erwähnte, die Bamberger Hegelwochen mit aus der Taufe gehoben. In der vergangenen Woche haben wir mit den 5. Bamberger Hegelwochen begonnen, in denen wir mit Odo Marquard und in einem Podiumsgespräch auch mit Hans Michael Baumgartner über „Menschliche Endlichkeit und Kompensation" nachgedacht haben. Im früher erwähnten ZEIT-Gespräch bringen Sie die hinter dieser Themenformulierung stehende philosophisch-anthropologische Einsicht auf den Begriff: „Und so wie das Älterwerden das Hinschmelzen der Zukunft ist, muß die Fruchtbarkeit der Vergangenheit an ihre Stelle treten. Das ist ein Gleichgewicht des Lebens" – ein Satz, der in seiner archaischen Klarheit an den Spruch des Anaximander erinnert, der Ihnen, dem gelernten Altphilologen und Heidegger-Schüler, stets präsent war: „Woraus aber das Werden ist den seienden Dingen, in das hinein geschieht auch ihr Vergehen nach der Schuldigkeit; denn sie zahlen einander gerechte Strafe und Buße für ihre Ungerechtigkeit nach der Zeit Anordnung."

Aber nicht nur über Ihre Geburtshilfe bei den Bamberger Hegelwochen, also über die Hegelwochen-Maieutik, sind Sie, lieber Herr Gadamer, mit unserer Alma mater verbunden. Die Otto-Friedrich-Universität Bamberg ist ihrer Gründungsidee nach eine geistes- und sozialwissenschaftliche Schwerpunkthochschule. Seit Wilhelm Dilthey, Martin Heidegger und Erich Rothacker hat es keinen Denker gegeben, der so sehr Philosoph der Geisteswissenschaften gewesen wäre wie Sie, Herr Gadamer. Es ist wohl kaum übertrieben, wenn man mit dem Jahr 1960, dem Erscheinungsjahr Ihres großen Werkes „Wahrheit und Methode", eine neue Ära des philosophischen Diskurses über die Geistes- und Sozialwissenschaften einsetzen läßt. Was Ihre Philosophie indessen weit über die vielfachen, inzwischen häufig längst überholten metatheoretischen Ansätze anderer Autoren hinaushebt, ist der gelingende Versuch, die wissenschaftsphilosophische Diskussion auf ein ontologisches Fundament zu stellen, anders: die Hermeneutik Diltheys mit der Fundamentalontologie Heideggers zu verknüpfen. Sie selbst haben – es ist nun fast 20 Jahre her – Ihre Studienzeit in jener Epoche lokalisiert, „in der sich im Gefolge des Ersten Weltkrieges die allgemeine Provinzialisierung Europas anbahnte. Das galt auch für die Philosophie." Unter diesem Blickwinkel versteht man besser, worauf sich die Formel bezieht, die Ihre eigene Philosophie als „Urbanisierung der Provinz" kennzeichnete. Die nicht nur humanistische, sondern humane Weltläufigkeit, mit der Sie den Gegenständen begegnen, auf die sich Ihr Denken bezieht, verwandelt auch diese und macht aus Gegenständen der Schulphilosophie Gegenstände der Philosophie nach dem Weltbegriffe, um mit Immanuel Kant zu sprechen.

Gestatten Sie mir, verehrter Herr Kollege, daß ich aus Ihrem Werk und der Vielzahl darin angesprochener und in Ihrem Sinn erhellter Gedanken vier Punkte herausgreife, die mir zugleich für das Selbstverständnis unserer geistes- und sozialwissenschaftlich ausgerichteten Universität von größter Bedeutung zu sein scheinen:

– Da wäre zunächst einmal die an der juristischen Hermeneutik abgelesene Einsicht, daß Verstehen stets Applikation einschließt. Anders: Es kann, obwohl objektivierbare Methodenstandards existieren, kein völlig unbeteiligtes, pseudo-objektives Interpretationsgeschäft geben, und die Resultate unserer hermeneutischen Bemühungen um Texte sind stets zugleich ein Spiegel, den wir uns selbst vorhalten können.

– Dem entspricht innerhalb der Hermeneutik das Theorem der Horizontverschmelzung: Verstehen heißt, wenn es denn Applikation stets mit einschließt, immer auch Erweiterung des eigenen Horizonts durch Einbeziehung der anderen.

– Da wäre zum dritten die Idee der Wirkungsgeschichte, in die wir, wie aus den Theoremen der Applikation und der Horizontverschmelzung bereits hervorgeht, eingerückt sind. Das wirkungsgeschichtliche Bewußtsein, über das verfügen muß, wer sich Tradition aneignen will, ist mithin immer auch das Bewußtsein, daß wir nicht nur etwas tun, sondern daß vielmehr etwas mit uns geschieht.

– Das führt schließlich auf die Wendung zur Ontologisierung der Sprache, die den eigentlichen philosophischen Kern Ihrer Hermeneutik ausmacht: „Sein, das verstanden werden kann, ist Sprache" – diese wiederum bis zur Knappheit zugespitzte Wendung bringt die im Wortsinne onto-logische Pointe Ihrer Hermeneutik in geradezu idealtypischer Form zum Ausdruck.

Ihr philosophisches Hauptwerk „Wahrheit und Methode" haben Sie im Alter von 60 Jahren veröffentlicht, nachdem Sie ein gutes Jahrzehnt daran gearbeitet hatten. Die Parallele zu einem anderen Großen, dem vielleicht Größten der deutschen Philosophiegeschichte, Immanuel Kant, drängt sich auf, der seine erste kritische Hauptschrift 1781 im Alter von 57 Jahren nach ähnlich langer Vorarbeitszeit der Öffentlichkeit übergab. (Ich will nicht verschweigen, daß Sie und Immanuel Kant für uns Endvierziger ein großer Trost sind . . .)

Die Wirkung Ihrer eigenen Philosophie kann als ein Beispiel für den Gedanken gelten, daß die Wirkungsgeschichte es ist, die letztlich Rang und Bedeutung des Werkes erst hervortreten läßt. Ihr eigenes Werk kann, zumal angesichts der Tatsache, daß es erst seit 30 Jahren der „Erscheinung angehört", um erneut Hegel zu Wort kommen zu lassen, auf eine ganz ungewöhnlich breite und intensive Rezeptions- und Wirkungsgeschichte zurückblicken. Sie selbst haben diese im vergangenen Jahr mit jener leisen Ironie und Selbstdistanzierung, zu der nur wahrhaft große Geister fähig sind, durch die Formel charakterisiert, daß die eigenen Fachgenossen Ihr Werk nicht mehr so intensiv rezipierten, sondern daß es nun im wesentlichen die Nichtphilosophen seien, die mit Ihrer Philosophie etwas anfangen könnten.

Während ich die erste Teilbemerkung eher Ihrem Hang zum Understatement zuschreibe, ist die zweite mehr als wahr: Seit 1960 hat die von Ihnen vorgelegte philosophische Hermeneutik mindestens dreimal mitten im Zentrum theoretischer Diskussionen gestanden, die sich außerhalb der Philosophie bewegten:

– Da ist zum einen der Hermeneutikstreit mit den Sozialwissenschaften, der sich Ende der sechziger und Anfang der siebziger Jahre abspielte.
– Da ist zum zweiten die wissenschaftstheoretische Debatte um den historisierenden Einfluß der Theorie Thomas Kuhns. Und ich erinnere mich gut, daß Sie dazu 1974 festhielten: „So sehen wir in den Wissenschaften selbst die hermeneutische Dimension sich als die eigentlich tragende und begründende erweisen – in den Naturwissenschaften als die Dimension der Paradigmen und der Relevanz der Fragestellungen. In den Sozialwissenschaften ließe sich ähnliches als die Selbstaufhebung des Sozial-Ingenieurs in den gesellschaftlichen Partner beschreiben. In den geschichtlichen Wissenschaften endlich ist sie als die beständige Vermittlung von Einst und Jetzt und Morgen am Werk."
– Und drittens wäre da die neuere und neueste Diskussion um Künstliche Intelligenz, in der, etwa durch die von Winograd und Flores repräsentierte Fraktion einer Kritik am Kognitivismus, Ihre Philosophie, verehrter Herr Gadamer, zum Ausgangspunkt eines neuen Modelles natürlichsprachlicher Systeme wird.

Von der vielschichtigen Rezeption Ihres Denkens in Theologie, in Kunst- und Literaturgeschichte, in der Jurisprudenz, in den Geschichtswissenschaften, in der Psychologie oder der Pädagogik will ich hier mangels Kompetenz ganz schweigen. Ihre Arbeiten, verehrter neuer Ehrendoktor der Otto-Friedrich-Universität Bamberg, sind nach allen Bedingungen, die man dazu nennen mag, ‚klassisch' geworden. Das heißt in der nüchtern-funktionalistischen Sprache von Hermann Lübbe, daß Ihre Texte zu den „relativ alterungsresistenten Beständen unseres kulturellen Gedächtnisses" gehören. Sie selbst haben in „Wahrheit und Methode" darauf hingewiesen, daß die die Klassizität bestimmende Zeitlosigkeit darüberhinaus so zu verstehen sei, „daß die Fortdauer der unmittelbaren Sagkraft eines Werkes grundsätzlich unbegrenzt ist". In Ihrem Werk sind Sie, lieber Herr Gadamer, bereits zu Lebzeiten ein Klassiker geworden.

Lassen Sie mich, sehr verehrter Lehrer, mit zwei sehr persönlichen Bemerkungen enden: Neben dem vielen sonst von Ihnen Gelernten verdankt Ihnen der damals junge Hegelianer-Assistent, der auf den Spuren der Kritischen Theorie wandelte, die Einsicht, daß die emanzipatorische Kraft der Reflexion zwar vorhanden, aber beschränkt sei. Im Hermeneutikstreit sagten Sie: „Die Reflexion eines gegebenen Vorverständnisses bringt etwas vor mich, was sonst hinter meinem Rücken geschieht. Etwas – nicht alles. Denn wirkungsgeschichtliches Bewußtsein ist auf eine unaufhebbare Weise mehr Sein als Bewußtsein." – Dieser Gedanke hat einen Großteil meiner eigenen Arbeiten begleitet und gleichsam als notwendige Bedingung gewirkt. Dafür will ich Ihnen hier und an dieser Stelle von Herzen danken.

Die zweite Bemerkung ist eher eine Bitte. Sie waren, wie Sie wissen, mein Lehrer, ohne daß ich je persönlich bei Ihnen studiert hätte. Sie selbst sind so freundlich, mich trotzdem zuweilen Ihren Schülern zuzurechnen. Nun haben Sie in dem eingangs erwähnten ZEIT-Gespräch gesagt: „Es gibt gewisse Dinge, die einem das Altern sehr angenehm machen. Ich will gar nicht verkennen, wieviel es ausmacht, wenn ich in meinem hohen Alter meinen Schülern zum 60. Geburtstag gratulieren kann." – Ich wünsche mir, uns allen und Ihnen, daß Sie mir in elf Jahren zu meinem 60. Geburtstag gratulieren werden . . .

Hans-Georg Gadamer

Vom Wort zum Begriff. Die Aufgabe der Hermeneutik als Philosophie

Meine lieben Kommilitonen, meine sehr verehrten Damen und Herren!

Es ist nicht einfach, wenn man sich derart bloßgestellt sieht, die richtigen Worte und das richtige Maß, die sich geziemen, im Sinn zu behalten. Und so befinde ich mich in einer rechten Verlegenheit. Wie jeder weiß, wage ich, wenn ich einen Vortrag halte, stets einen Gedankengang, den ich nicht wohlverwahrt aus meiner Tasche hervorziehe und verlese. Ich würde mir wünschen, ich hätte das dieses Mal getan; denn was soll ich nun dazu denken? Soll ich das alles richtig finden? Gewisse Regeln der Bescheidenheit verhindern das. Es gibt noch so viele Probleme in der Welt; und schließlich haben Sie mich hier die Treppe heraufsteigen sehen und wissen: das Monument bin ich nun wirklich nicht mehr, das man in seiner Festigkeit und seiner unverwelklichen Gegenwart darstellen könnte.

Also bitte ich Sie, das Gesagte so zu nehmen, wie es kommt. Vielleicht darf ich kurz rechtfertigen, warum ich als Thema vorgeschlagen habe: *„Vom Wort zum Begriff"*. Das ist der Sache nach ein Thema der Philosophie und der Hermeneutik. In Wahrheit ist der Begriff das eigentliche Kennzeichen der Philosophie, wenigstens ist das die Form, in der die Philosophie erstmalig in unserer abendländischen Kultur in die Welt getreten ist. Daher ist das erste, was mir hier begegnet und wovon ich sprechen möchte, der Begriff. Ich bin sicher, daß der Begriff, der oft eher das Befremdliche und das Fordernde gegen den anderen hervorkehrt, zu sprechen beginnen muß, wenn er wirklich begreifen soll. Ich möchte mein Thema deshalb ein wenig umformulieren und sagen: *„Nicht nur vom Wort zum Begriff, sondern ebenso vom Begriff zurück zum Wort"*.

Wir wollen einen Augenblick auf den Anfang zurückdenken. Denn wir müssen davon ausgehen, daß es sich im begrifflichen Denken um ein Grundkennzeichen des Abendlandes handelt. Schon das Wort ‚Abendland' ist heute nicht mehr so modern, wie es in meiner Jugend war, als Oswald Spengler gerade den Untergang desselben verkündet hatte. Jetzt redet man wohl eher von Europa, aber da weiß nun auch niemand ganz genau, was das eigentlich sein wird, sondern höchstens, was wir möchten, daß es eines Tages werden soll. Genau deshalb glaube ich nicht, daß mein Thema von den dringendsten Fragen unserer Gegenwart weitab liegt. Und ich glaube auch nicht, daß ich hier nur eben mein eigenes Lieblingsthema als Ausdruck des Dankes für diese festliche Gelegenheit vortrage. Es ist vielmehr so, weil mich diese Dinge ständig beschäftigen, möchte ich mich immer wieder mit ihnen auseinandersetzen.

Wie ist es eigentlich gekommen, daß sich in der Menschheitsgeschichte, in einer sehr bedrängten weltgeschichtlichen Lage, in der sich die griechische Stadtkultur gegenüber dem Andrang des persischen, des asiatischen und später des punischen, afrikanischen Geistes befand; wie ist es gekommen, daß dort und damals eine Dauerprägung des begrifflichen Denkens entstanden ist, die in Wahrheit bis zum heutigen Tage eine globale Ausstrahlung besitzt? Wir wissen natürlich alle, wovon ich rede. Ich rede von der Wissenschaft – zunächst selbstverständlich von der Wissenschaft, wie wir sie noch alle in den Schulen lernen: Das ist die euklidische Geometrie. Diese Präzision der logischen Beweisführung für etwas, was niemand bezweifelt und was doch durch den Beweis, den es dafür zu erbringen gilt, die höchste geistige Anstrengung erfordert. Ihr Gelingen stellt eine geistige Heldentat dar, die erstmals in Ablösung von allem Erfahrungswissen ‚Wissenschaft' begründet hat.

Ich kann hier nur mit der größten Bewunderung davon sprechen, was dieses gewaltige Vermögen der Vernunft eigentlich ist, das im Wunder der Zahlen und der Geometrie dem ganzen riesigen Lehrgebäude der modernen Mathematik zugrunde liegt. Wenn ich nun von dieser Grundvoraussetzung ausgehe, daß es die Wissenschaft gewesen ist, die in Griechenland ihre erste Geburt hatte und die uns von dort aus zum Denken und zum Nachdenken über die Möglichkeiten des Wissens überhaupt von den Griechen vererbt worden ist, dann frage ich weiter: Was heißt für uns Wissen?

Sie kennen es alle: Es ist die Form, in der Sokrates als Antwort vom Delphischen Orakel bekam, daß keiner der damals lebenden Menschen weiser sei als er. Sein großer Bewunderer und Schüler Plato hat es uns gezeigt, worin diese Weisheit besteht, nämlich in dem Wissen um das Nichtwissen: Es ist diese unbestechliche Weise, in der wir Menschen das Andere, das Unbekannte, das *ignoramus* und *ignorabimus*, dieses Nichtwissen des Menschen um seine eigentliche Weltstellung zu begreifen suchen in der kurzen Lebensspanne, die durch den Tod beendet wird.

Wenn ich so anfange, mir darüber Gedanken zu machen, dann drängt sich mir die Frage auf: Wie ist denn diese mathematisierende Fähigkeit, diese logische Kraft, diese Bildung der sprechbarsten aller Sprachen – so hat Nietzsche einmal das Griechische genannt (nun, alle Sprachen sind in Wahrheit für den, der zu denken versteht, auch sprechbar) – zur heutigen Weltgeltung gelangt? Damit kommen wir schon etwas näher an das Thema *„Wort und Begriff"* heran und an das, was mir dabei vorschwebt, wenn es der heutigen Weltlage in unserem nicht mehr nur eurozentrischen Weltbild eigens zugedacht ist.

Denn darüber besteht keine Ungewißheit mehr, daß diese wissenschaftliche Zivilisation und ihr unglaubliches Vermögen, die Umänderung der Naturgegebenheiten zum Nutzen und zum Leben und Überleben der Menschen einzusetzen, in ihren Wirkungen zu einem riesigen Welt-Problem geworden ist. Es ist kein Zweifel, daß dies alles eine der ganz großen Fragen an uns ist, nicht zuletzt seit uns die Wissenschaft mehr und mehr gelehrt hat, was für eine kurze Episode die Menschheit in der Evolution des Universums darstellt.

Haben wir mit dem Privileg, unserer heutigen Fähigkeit des Umformens des Gegebenen, eine letzte große Gabe oder haben wir damit eine letzte, vielleicht alle Kräfte unseres Verstandes übersteigende Aufgabe erhalten? Man muß sich nur in der Welt umsehen: Heute gewinnt in Japan oder in China, in Indien, in Südafrika oder in Südamerika, also auch außerhalb dieses zivilisatorischen Mutterlandes der europäischen und angelsächsischen Denk- und Kulturtradition, dasselbe mathematisierte und formale Denken die Oberhand. Wie geht denn das zusammen – oder wird das eine nur vom anderen dominiert? Irgendwie zeichnet sich eine globale Uniformierung ab. Ich will nicht behaupten, daß das britische Badezimmer eine Revolution bedeutet hat oder der europäische Anzug in den Büros von Japan, China oder Indien – aber es gibt zumindest in bestimmten Lebensbereichen eine Vereinheitlichung kultureller Muster, die wie eine Revolution alles umkehrt.

Es ist eine nachdenkliche Tatsache, daß hier ganz andere Menschheitsblöcke durch Kult, Religion, Ahnenverehrung, kurzum: ein ganz anderes kollektives Zusammenleben in Gesellschaftsordnungen dieser Kulturen, plötzlich mit dieser großartigen methodischen Meisterschaft der Wissenschaft konfrontiert wird. Wir werden wohl alle unser Schicksal daran abmessen können, wie sich dieser Zusammenklang oder Zusammenstoß oder diese neue Verschmelzung der Kulturen, vielleicht auch die unserer Zukunft vorbereitet, gestaltet – besser gesagt: wie er von uns gestaltet wird. Unser Schicksal wird sich daran entscheiden, wie diese durch die Wissenschaft geprägte Welt, die durch die Welt des Begriffes philosophisch formuliert worden ist, zugleich auch mit so tiefen Einsichten in Menschenschicksale zusammengeht, wie sie etwa in einem Zwiegespräch eines chinesischen Meisters mit seinem Jünger oder in sonst irgendeinem Zeugnis uns ganz fremder, religiös fundierter Kulturen zum Ausdruck kommen.

Wie sind wir selber in diese Situation gelangt? Nicht ganz ohne die Dichtung, auch nicht in der griechischen Welt. Die ältesten Zeugnisse griechischen Begriffsdenkens sind in homerischer Gedichtform geschrieben – in homerischen Versmaßen gesagt. Nicht die Philosophen, sondern das Epos ist es, das am Anfang der schriftlichen Überlieferung steht. Und wir erleben, wenn wir das sehen, wie dann – von den griechischen Stadtkulturen sich über die ganze Mittelmeerwelt ausbildend – der Begriff plötzlich zu sprechen anfängt, wenn er in ein solches versgegliedertes Ganzes eingebettet ist mit der Frage: ‚ti to on‘ – was ist das Sein, und was ist es mit dem Nichts?

Nun, ich könnte fortfahren und zeigen, wie das von dort aus tatsächlich die Frage Platos geworden ist und zu der Begründung der Metaphysik geführt hat, die durch Aristoteles schließlich Weltgeltung erlangt und mehr als ein Jahrtausend abendländisches Denken geprägt hat, bis daraus im 17. Jahrhundert die moderne Wissenschaft, wie auch die Erfahrungswissenschaft, aber auch die Mathematik, hervorgegangen sind. Aber es ist vielleicht richtiger, sich im Augenblick daran zu erinnern, daß wir ja hier in einem Hegelsaale sind und damit wohl allen Grund haben zu sagen, daß Hegel es gewesen ist, der die damit gestellte philosophische Aufgabe gesehen hat, die neue Wissenschaft und all das, was als Metaphysik und als Religion nicht in der Wissenschaft aufgeht, in einem einheitlichen Ganzen zum Begriff zu erheben.

Die modernen Erfahrungswissenschaften und ihre mathematische Instrumentierung auf der einen Seite und dieses ständig fragende Denken und Suchen des sokratischen Nichtwissens um das Gute auf der anderen Seite, sind zwei Sphären der Wirklichkeitserfahrung, die nicht zusammenzugehen scheinen. Vielleicht sollten wir einen Augenblick diesen Sprung wagen, uns vorzulegen, wie diese große Kulturepoche Europas zu einer gewissen Vollendung gelangt ist, als Hegel eine Versöhnung zwischen der Wahrheit der Wissenschaften und der Wahrheit der Metaphysik sowie der christlichen Religion überzeugend zu machen suchte.

Das geschah noch nicht in dem Wahne, daß die Wissenschaft der unbedingte Meister einer methodischen Gewißheitspflege sei. Man sollte nicht vergessen, daß Hegel, als er seine große Synthese zwischen dem absoluten Wissen der Metaphysik und dem exakten Wissen der methodischen Wissenschaft anstrebte, immer auch die Botschaft der Kunst und der Religion mitgesehen hat. Für ihn ging es also nicht nur um die Beherrschung von Sachgebieten mit Hilfe von Abstraktion und Messung, sondern gerade auch um diejenigen Formen des Wissens oder des Fragens, die uns nicht loslassen, wenn wir vor Kunstwerken stehen oder von dichterischen Schöpfungen angerührt werden. Werke, oder wenn in theologischer Besinnung das fromme Bedürfnis des Menschen, über seine Endlichkeit nachzudenken, erwächst, erreichen jene anrührende Intensität.

Es gab eine Zeit, da war man sich dessen sehr wohl bewußt, daß dies ein anderes Wissen ist, als jenes, das auf Mathematik und Logik allein aufbaute. Damals nannte man z. B. das Studium der Rechte Jurisprudenz; d. h. eine Art von Klugheit. Die Studierenden der Rechte sollten eine Art von Unterscheidungskraft in sich ausbilden, um abgewogen, differenziert und ‚objektiv' Recht zu sprechen.

Wie hat sich ein solches Wissenschaftsideal inzwischen so verabsolutieren können, daß man jetzt nicht nur von Rechtswissenschaft, sondern sogar von ‚Kunstwissenschaft' redet? Früher hieß das Kunstgeschichte. Oder daß man heute von ‚Literaturwissenschaft' redet. Früher hieß das Literaturgeschichte. D. h. man nahm von vornherein an: hier könne man nicht in demselben Sinne wissen, wie man in den vorbildlichen Naturwissenschaften durch Messen Wissen gewinnt. Hierzu gehört eine andere Gabe.

Wenn ich hier an einer sozial- und geisteswissenschaftlich orientierten Institution die Ehre habe, das Wort zu führen, dann tue ich das gerade auch in diesem Bewußtsein, daß beide Wissenschaftsgruppen nicht im eigentlichen, streng mathematisch-naturwissenschaftlichen Sinne Wissenschaften sind. Ich glaube, daß auch die Sozialwissenschaften, indem sie in ihren durch die Geschichte gewordenen Formen der methodisch-kritischen Forschung auch mathematische Wissenschaften sind, dennoch durch anderes mitgeleitet werden: durch geschichtliche Vorbilder, durch Erfahrung mit Schicksalsfügung und durch eine andere Art von Exaktheit als etwa die der mathematischen Physik.

Da redet man von der Präzision der Mathematisierung. Aber ist die Präzisierung in der Anwendung der Mathematik auf die Lebenspraxis je so groß wie das Ohr des Musikanten, der beim Stimmen seines Instruments am Ende zufrieden ist? Gibt es nicht ganz andere Formen von Präzision, die gerade in einem Bereich liegen, der nicht Anwendung von Regeln ist, sondern ein darüberhinaus greifendes Treffen des Richtigen? Ich könnte mich hier nun endlos darüber ergehen, um plausibel zu machen, was ich eigentlich meine, wenn ich sage, Hermeneutik sei in dem Sinne nicht so sehr eine Methodenlehre der Geisteswissenschaften. Hermeneutik ist vielmehr eine Grundeinsicht darüber, was überhaupt Denken und Erkennen für den Menschen im praktischen Leben bedeutet.

Es gehört eine eigentümliche Fähigkeit dazu, von Wissen den rechten Gebrauch machen zu können. Plato hat einmal, und zwar nicht etwa in einem fernliegenden Zusammenhang, sich die Frage gestellt, was eigentlich den wahren Politiker ausmache. Ich wage zu sagen, daß er dabei nicht an den Erfolg der nächsten Wahlen gedacht hat. Wohl aber mußte er etwas anderes im Auge haben, eine ganz bestimmte Gabe, nämlich ein gewisses instinktives Gefühl für Gleichgewicht, für Gleichgewichtslagen und die vielen Möglichkeiten, Gleichgewichtslagen zu schaffen und zu steuern. In seinem Dialog über den wahren Staatsmann spricht Plato einmal ausführlich über diese Fähigkeit. Er geht davon aus, daß es zwei verschiedene Möglichkeiten des Messens gibt. Beide scheinen unentbehrlich. Das eine Messen ist, daß man mit einem Maßstab an die Dinge herangeht, um sie verfügbar und beherrschbar zu machen. So wie es in Paris das berühmte Metermaß gibt, nach dem alle metrischen Messungen erfolgen. Hier geht es offenbar um das ‚*poson*‘, die Quantität.

Die andere Art des Messens besteht dagegen darin, daß man das richtige Maß, das Angemessene selber trifft. Das kennen wir etwa aus dem Wunder der Harmonie der Töne oder auch aus dem harmonischen Wohlbefinden, das man Gesundheit nennt. Da geht es um das, was die Griechen ‚*poion*‘, die Qualität, nennen.

Kürzlich habe ich in einem Buch unter dem Titel „Die Verborgenheit der Gesundheit“ an diese Unterscheidung erinnern können, und zwar gerade, wenn es sich um die Krankheit als den Gegenstand der medizinischen Wissenschaft handelt. An sich ist ja Krankheit eine Art Bedrohung, gegen die man auf der Hut sein muß. Aber wenn man krank geworden ist, bedarf es des Arztes, seines Wissens und Könnens, und man hofft, daß er dann die Krankheit „beherrscht“. Die Gesundheit ist offenbar etwas ganz anderes, das wir nicht in derselben Weise beachten oder beherrschen. Das ist eher etwas, dem wir folgen, so wie wir etwa einem Pfad folgen und dabei das Gefühl haben „jetzt ist es richtig“. Dann wird der Pfad unter unseren Füßen zum Wege. Es gibt noch mehr solcher Fälle als den der Gesundung, die ich grundsätzlich dem Ideal der wissenschaftlichen Beherrschbarkeit zur Seite stellen möchte.

Unter Wissenschaftlichkeit versteht man ja Objektivität, und das ist sicher richtig, daß man die subjektiven Voraussetzungen, die man sonst mitbringt und unter denen man alles beobachtet, unter kritischer Kontrolle hat. Die Feststellungen der Wissenschaft müssen daher im Prinzip für jedermann einsichtig und nachvollziehbar werden und der Idee nach objektive Erkenntnis ermöglichen. Das ist alles soweit in Ordnung. Aber man vergesse nicht, was Objekt auf deutsch heißt. Es heißt „Gegenstand“, Gegenstand ist Widerstand. Hier im Raume von Krankheit und Gesundheit handelt es sich immer um ein Wissen, das nicht ein Gegenstandsfeld einfach beherrscht. Die Natur können wir in ihren Wegen nicht einfach rekonstruieren. Wir müssen uns begnügen, den Widerstand der Krankheit zu brechen und der Natur zu ihrem eigenen geheimen Walten zurückzuhelfen. Das aber verlangt die Kunst des Arztes, das Treffen der richtigen Maß-Regeln. Das ist nicht nur Wissenschaft, sondern noch ein anderes Wissen, das sich in seiner eigenen Erfüllung sozusagen zurückzieht. Gewiß ist dieser Begriff der Kunst, der ja im Grunde nur der Natur hilft, etwas anderes, als die schaffenden und bildenden Künste und die literarischen Künste es sind. Aber es gibt hier doch Verwandtes im Vollzug und damit Abgrenzung gegenüber der Objektivität der Wissenschaft. Hier wie dort geht es nicht um bloße Anwendung von Regeln.

In meinem Buch „Wahrheit und Methode“ begann ich meine Überlegungen zunächst mit der Kunst und nicht mit der Wissenschaft, auch nicht mit den Geisteswissenschaften. Auch in ihnen ist es nur die Kunst, welche die grundlegenden Fragen des Menschseins in einzigartiger Weise zur Erfahrung bringt, und zwar so, daß kein Widerstand oder Einwand dagegen aufkommt. Ein Kunstwerk ist wie ein Vorbild.

Es ist sozusagen unwiderleglich. Das ist zum Beispiel das, was man Gedicht nennt. Wissen Sie, was „Gedicht“ heißt? Ja, man müßte wieder lateinisch können. Gedicht kommt von dicere und dictare, das heißt, es ist ein Diktat. Das Gedicht ist das, was durch seine Art wie es etwas sagt, überzeugend ist. Das gilt natürlich von allem rhetorischen Gebrauch der Rede auch. Aber das Gedicht ist immer wieder überzeugend und sogar immer mehr überzeugend, je besser man es kennt. Niemand würde auch nur versuchen, dagegen den Einwand zu erheben, daß man das schon kennt.

Wir nennen in der Kunstgeschichte, in der Literaturgeschichte, in der Musikwissenschaft und ebenso in den klassischen Wissenschaften der Philologie und Archäologie den einen Banausen, der sich einem Werk der Kunst nicht öffnet, sondern sich gleichsam als Fachmann fühlt, der es schon besser weiß. In all den Wissenschaften, von denen ich etwas verstehe, gibt es dieses Moment, daß da etwas ist, das man nicht vergessen darf und nicht vergessen kann. Da geht es nicht darum, ein Sachgebiet zu beherrschen. Wir sehen es etwa in der Kunstgeschichte. Das Wissenschaftsbedürfnis als solches sieht sich dort überall befriedigt, wo wir rein historische Methoden mit Erfolg anwenden können. Daher ist die Ikonographie in der modernen Kunstwissenschaft so beliebt geworden. Aber ist das Wissenschaftlichkeit, die die Kunst meint? Ob das ein Kunstwerk ist, was da abgebildet ist und was der Gegenstand der ikonographischen Fragestellung ist – das kommt dabei nicht vor. Kitsch ist ikonographisch noch weit interessanter.

Ich sage nicht, daß das bei dem rechten Kunsthistoriker so ist, aber die verwissenschaftlichte historische Methodik des Bildverstehens nimmt aus begreiflichen Gründen ständig an akademischer Bedeutung zu. Gleichwohl darf es nicht alles sein wollen. Insofern glaube ich gerne und hoffe, daß es auch hier, wie überall, auf das Gleichgewicht zwischen den beiden Formen des Wissens, das die wissenschaftliche und die künstlerische Seite vereinigt, ankommt. Auch wenn ich an die Plato-Stelle im Politikos zurückdenke, sagt er ausdrücklich, daß es auf beide Arten, das Maß, das mißt, und das Angemessene, das man zu finden sucht, ankommt. Dies ist einer der vorhin bereits erwähnten Fälle, die ich gleichberechtigt neben dem Wissenschaftlichkeitsideal stehen sehe. Bei Wissenschaft handelt es sich um ein Wissen, das Widerstand bricht und erst am Ende auch ‚Kunst' verlangt, eine Kunstfertigkeit, wie ich sie am Beispiel des Arztes veranschaulicht habe. Jenes Wissen trägt sich selbst in seinem eigenen Vermögen, weil es sich einfühlt. Das ist der Grund, warum ich mich mit jenen Formen des Wissens beschäftige, nicht weil ich eine besondere Vorliebe für die Künste habe. Aber, das darf nicht alles sein. Nicht eine Form des Messens ist wichtiger als die andere. Nein, im Gegenteil: beide Formen sind wichtig!

Das was wir auch in dem deutschen Wort kennen: Er hat ein gemessenes Wesen, steckt in Angemessenheit. Irgendetwas von der Sicherheit des Gleichgewichts zwischen Aufgeschlossenheit und

In-sich-Ruhen kommt darin zum Ausdruck. Nun, wir sind hier nicht in den Sozialwissenschaften. Ich habe da gar keine Kompetenz, darüber zu reden, was etwa der Politologe als Fachmann kann. Aber immerhin: Denken Sie einmal darüber nach, was ‚Politik' ist, und über das Wunder des Gleichgewichts. Was ist das eigentlich? Ich gebe das Beispiel, das ich selber als Junge erlebt habe, als ich Fahrradfahren lernte. Ich hatte eine sehr einsame Jugend und hatte ein Rad bekommen, um mich zu beschäftigen, und mußte nun ganz alleine lernen, darauf zu fahren. In unserem Garten befand sich ein kleiner Hügel, und ich versuchte also, das Fahrradfahren selber zu lernen, stieg auf und da machte ich nach einigem Mißlingen die große Erfahrung: solange ich nur krampfhaft die Lenkstange festhielt, kippte ich immerfort um! Plötzlich aber ging es wie von allein. Bis heute sehe ich an diesem Beispiel, was der Politiker auch weiß, und was seine Aufgabe ist: Er muß Gleichgewichtslagen schaffen, wenn er überhaupt steuern und Ziele erreichen will.

Wenn ein Politiker überhaupt Möglichkeiten der Zukunft anpeilen will, muß er überzeugend werden, und das ist nicht leicht. Ein entscheidender Punkt ist doch hier – wie in unserem Beispiel. Es ist doch geradezu unglaublich, daß ein bißchen weniger Kraft beim Anpacken der Lenkstange, aber nur ein ganz klein wenig weniger, dazu führt, das Fahrrad ohne Probleme im Gleichgewicht zu halten und zu lenken. Aber ein ganz klein wenig zuviel Kraft, und schon geht nichts mehr! Ich wende diese Erfahrung nicht nur auf die Politik an, sondern auch auf unser aller Verhalten unter den Bedingungen der modernen, durch Regelungen, durch Vorschriften und Anordnungen organisierten Lebensform an. Und doch ist Anpassung an Geregeltes nicht blindwütige Anwendung von Regeln. Also rede ich hier zunächst einfach von den Folgen, die in einer regulierten Anpassung an Regeln des Verhaltens liegen. Auch die Umarbeitung der Wirklichkeit durch die moderne Technik stellt nun allen neue Aufgaben, das Rechte damit anzufangen und überhaupt von dem Wissen und Können den richtigen Gebrauch zu machen.

Auch das Problem der Ökologie drängt sich hier vor. Die Natur, ist auch eine solche Gegebenheit, die man nicht allein durch Messen und Berechnen schützen kann, sondern mit der man und in der man leben lernen muß, so daß man freier atmet. Ebenso gilt, wie man auch selber empfindet, daß man sich angemessener verhält, wenn man Tiere in ihren Lebensformen beobachtet – und achtet, ebenso wie man andere Menschen in ihren verschiedenen Lebensformen und Anschauungen respektiert.

Das sind aktuelle Fragen, die uns alle beschäftigen, weil wir sehen, worauf es gegenwärtig ankommt: auf Ausgleichsbewegungen, auf Gleichgewichtsbildung und auf Austausch. Also gilt es, alle Formen des menschlichen Lebens und Artikulierens ihres jeweiligen Weltbildes anzuerkennen. Dann stehen wir im Bereich der Hermeneutik. So nenne ich die Kunst des Verstehens. Aber was ist eigentlich Verstehen? Verstehen ist jedenfalls nicht, daß man mit dem, was oder wen man ‚versteht', einverstanden ist. Solche Gleichheit wäre utopisch. Verstehen heißt, ich kann wägen und erwägen, was der andere denkt. Er könnte Recht haben mit dem, was er sagt und eigentlich sagen will. Verstehen ist also nicht eine Meisterung des Gegenüber, des anderen und überhaupt der gegenständlichen Welt. Das kann „Verstehen" zwar auch sein, daß man versteht, um zu beherrschen. So ist auch der Herrschaftswille des Menschen über die Natur natürlich und macht unser Überleben überhaupt erst möglich. Sogar im Alten Testament, ja in der Schöpfungsgeschichte, ist von dieser Weltordnung und der Herrschaft des Menschen über die ganze Natur die Rede. Und trotzdem bleibt es wahr, daß das nicht alles ist: Herrschen und Wille zur Macht.

Sondern es ist wichtig, daß die Reichweite des Beherrschens durch andere Kräfte der Gemeinschaftlichkeit, in der Familie, der Kameradschaft, der Solidarität begrenzt wird, so daß man sich versteht und verständigt. Verstehen heißt immer zunächst: Ah, ich habe jetzt verstanden, was du willst! Damit habe ich noch nicht gesagt, daß du auch Recht hast oder Recht bekommst! Aber wenn wir nur gegenüber einem anderen Menschen, in einer politischen Situation oder mit einem Text, soweit kommen, daß wir verstehen, werden wir überhaupt uns miteinander verständigen können. Nur wenn wir die ganze Größe der Aufgaben, die hier vor der Zukunft der Menschheit stehen, bedenken, nur dann, meine ich, werden wir überhaupt dazu kommen, einzusehen, was die weltpolitische Bedeutung des Verstehens ist. Man erinnere sich doch einmal, wie ich die Welt eingangs geschildert habe. Da kommt eine Elite von hochgeschulten Ostasiaten an die deutschen und europäischen Universitäten. Sie verblüffen uns sehr oft durch ungeheuere Arbeitsdisziplin, mit der sie arbeiten, durch die Schnelligkeit, mit der sie, meistens bei unmöglicher Aussprache, in schriftlicher Perfektion, Texte produzieren. Es ist ganz unglaublich, wie manche Leute, die völlig unverständlich gurgeln, absolut fehlerfreie Texte schreiben! Also das sind in allem kommunikativen Verhalten Unterschiede, die wir uns in ihrer enormen Tragweite klarmachen müssen, wenn wir anderen Kulturen begegnen. Das ist alles gegenseitig. Wahrscheinlich findet der Japaner, daß wir nicht sprechen, sondern krächzen.

Das wird nämlich, da bin ich mir sicher, eine der Weltaufgaben der Zukunft sein. So wie wir versuchen müssen zu verstehen, daß die nicht bloß gurgeln, sondern wirklich denken, so müssen sie auch umgekehrt natürlich mit unserer Welt, wenigstens, wenn sie Deutsch sprechen wollen, vertraut werden und es nicht nur für Krächzen nehmen.

Dazu tun ihre Eliten sehr viel, was man selbstverständlich nicht als eine Preisgabe ihrer eigenen ererbten Lebensformen und ihre eigenen ererbten religiösen Grundvorstellungen wird ansehen dürfen.

Selbstverständlich wissen wir auch noch gar nicht, was alles in den großen Religionsgesprächen der Zukunft, die auf uns warten, auf uns zukommt. Und wenn unsere Jugend in den eigenen notvollen Entwicklungsjahren den indischen Guru faszinierend findet, gilt es doch das Ganze der anderen Lebensformen verstehen zu lernen, all das, was diesen Kulturen zugrunde liegt: Familie, die Ahnen, Tod, das Weiterleben der Ahnen in uns, wie etwa auch ein in diesen Kulturen so entscheidender Begriff wie der der Einschätzung des Menschenlebens. Teilweise steht dort all das unter anderen Gesetzlichkeiten, als es uns durch eine lange christliche Bildungs- und Erziehungsgeschichte natürlich geworden ist. Das darf man der Philosophie als Hermeneutik aber nicht nachsagen, als würde sie im Grunde genommen einfach nur eine konservative Weltanschauung, welche christliche Werte weiterdenkt, darstellen wollen. Das reicht vielleicht im europäischen Maßstab hin, sich über das Verstehen zu verständigen. Aber dieser Maßstab ist viel zu eng.

Ich weiß nicht, welche Antworten sich schließlich einmal die Menschheit für das Zusammenleben der Menschen in bezug auf die Rechte des einzelnen und die Rechte des Kollektivs, die Gewalt, die von der Familie oder vom „Staat" ausgeht, geben wird. Ich denke nur an dieses unglaubliche Wunder, daß in China die kommunistische Revolution, die sicherlich mit den Ältesten nicht sanft umgegangen ist, es nicht erreicht hat, die Familienordnung mit ihrer fast unbegrenzten Macht ganz aufzulösen. So gibt es überall Eigenheiten und Eigentümlichkeiten unüberbrückbarer Fremdheit in der Welt, wo man nur sagen kann, wenn wir nicht hermeneutische Tugend lernen, d. h. wenn wir nicht einsehen, es gilt erst einmal den anderen zu verstehen, um zu sehen, ob nicht vielleicht doch am Ende so etwas wie Solidarität der Menschheit als ganzer auch in bezug auf ein Miteinander-Leben und Überleben möglich wird, dann werden wir wesentliche Menschheitsaufgaben im Kleinen wie im Großen nicht erfüllen können.

Es liegt nahe, die Lage der Menschheit für verzweifelt zu halten. Nun am Ende haben wir einen Punkt erreicht, an dem die Selbstzerstörung der Menschheit droht und jedem bewußt werden kann. Ist es da nicht eigentlich eine Aufgabe des Denkens aller, sich klarzumachen, daß Solidarität die Grundvoraussetzung ist, unter der man gemeinsame Überzeugungen, wenn auch nur langsam, miteinander entwickeln kann? Mir scheint, die europäische Zivilisation hat seit den letzten drei Jahrhunderten das Gesetz des Gleichgewichts vernachlässigt. Sie hat in einer bewundernswerten Weise die Wissenschaftskultur und ihre technische und organisatorische Anwendung zur vollen Entwicklung gebracht.

Aber hat sie auch die Fähigkeit entwickelt und ausgeprägt, im Besitz tödlicher Waffen zu sein und zu wissen, was unsere Kultur damit an Verantwortung für die gesamte Menschheit trägt? Ist es nicht in allen Fragen dieser Art so, daß wir heute vor Aufgaben stehen, für die wir eine bewußte Weit- und Vorsicht brauchen, sowie Offenheit für einander, wenn wir die Gestaltungsaufgaben der Zukunft lösen sollen, die zum Frieden und Ausgleich führen könnten!

Ich bin der Meinung, wir haben bei allen unseren technischen und wissenschaftlichen Fortschritten nicht genug gelernt, wie man miteinander und mit ihnen leben lernt. Nun, damit will ich schließen: Mein Bedürfnis war, Ihnen deutlich zu machen, daß Hermeneutik als Philosophie nicht irgendein Methodenstreit mit anderen Wissenschaften oder Wissenschaftstheorien oder solchen Dingen ist, sondern daß niemand leugnen kann, daß wir in jedem Augenblick, in dem wir unsere Vernunft anstrengen, nicht nur Wissenschaft betreiben.

Ohne Begriffe zum Sprechen zu bringen, ohne eine gemeinsame Sprache können wir nicht die Worte finden, die den anderen erreichen. Der Weg geht „vom Wort zum Begriff" – aber wir müssen vom Begriff zum Wort gelangen, wenn wir den anderen erreichen wollen. Nur so gewinnen wir ein vernünftiges Verständnis für einander. Wir haben nur so die Möglichkeit, uns zurückzustellen, um den anderen gelten zu lassen. Ich glaube, in etwas so aufzugehen, daß man sich darüber vergißt, darauf kommt es an – und das gehört zu den großen Segnungen der Erfahrung der Kunst, zu den großen Verheißungen der Religion und am Ende überhaupt zu den Grundbedingungen des Zusammenlebens von Menschen auf menschliche Weise.

Kurzbiographien

Hans Michael Baumgartner
Geb. 1933 in München; Studium der Philosophie, Psychologie und Mathematik in Frankfurt/M., Göttingen und München, Promotion 1962 in München (Lauth), dann wissenschaftlicher Assistent in Saarbrücken bei Krings. Habilitation 1971 in München. Seit 1976 o. Professor für Philosophie an der Justus-Liebig-Unitersität Gießen. Seit 1985 o. Professor für Philosophie an der Rheinischen Friedrich-Wilhelms-Universität Bonn.
Leiter der Sektion Philosophie der Görres-Gesellschaft seit 1978; Präsident der Internationalen Schelling-Gesellschaft Leonberg 1986–1992.

Hans-Georg Gadamer
Geb.1900 in Marburg; Studium der Philosophie, Germanistik und Geschichte in Breslau, promovierte 1922 über Platons Dialoge bei Natorp in Marburg. Anschließend „philosophischen Lehrjahre" (Titel der Autobiographie) bei Heidegger, durch den er sich stärker mit der Philologie beschäftigte. Nach der Habilitation 1929 Privatdozent in Marburg und 1937 Professor in Leipzig. 1947 Rektor der Leipziger Universität. 1949 wechselte er als Jaspers-Nachfolger auf den Lehrstuhl nach Heidelberg und lehrte dort bis zu seiner Emeritierung im Jahr 1968.
Träger des Ritterordens „Pour le mérite" und Hegelpreisträger.

Hermann J. Liebel
Geb. 1945 in Bobenheim/Rhein, Studium der Psychologie, Philosophie und Soziologie an den Universitäten Basel und Freiburg i. Br.; 1972 Promotion, 1978 Habilitation. Seit 1978 o. Professor für Psychologie an der Otto-Friedrich-Universität Bamberg.
Prof. Liebel war Dekan der Fakultät Pädagogik, Philosophie, Psychologie von Oktober 1992 bis September 1994.

Odo Marquard
Geb. 1928 in Stolp (Pommern); Studium der Philosophie, Germanstik, Theologie in Münster und Freiburg; 1954 Promotion zum Dr. phil. in Freiburg i. Br. bei Max Müller, 1963 Habilitation an der Universität Münster. Seit 1965 o. Professor für Philosophie

an der Justus-Liebig-Universität Gießen; Direktor des Seminars für Philosophie; Direktoriumsmitglied des Zentrums für Philosophie und Grundlagen der Wissenschaft. 1993 als Professor emeritiert.
Von 1985 bis 1987 Präsident der Allgemeinen Gesellschaft für Philosophie Deutschland (AGPh), Sigmund-Freud-Preis für wissenschaftliche Prosa.

Bernhard Wagner
Geb. 1929 in München, Studium der Philosophie (Phil.-Theol. Hochschule Freising) sowie der Rechts- und Wirtschaftswissenschaften (Universität München), Diplomprüfung 1961; 26 Jahre an verantwortlicher Stelle in der Wirtschaft und im Verlagswesen tätig, seit 1987 Herausgeber und Verleger des Fränkischen Tags, Bamberg.
Ehrensenator der Otto-Friedrich-Universität (1994).

Walther Ch. Zimmerli
Geb. 1945 in Zürich; Studium der Philosophie, Germanistik und Anglistik am Yale College sowie an den Universitäten Göttingen und Zürich. 1971 Promotion bei R. Meyer in Zürich. 1971–1978 Assistent an der Universität Zürich, seit 1974 auch Leiter der Hegelforschungsstelle. 1978 Habilitation; 1978–1988 o. Professor für Philosophie an der TU Braunschweig. Ab 1982 Leiter des Seminars B für Philosophie. Seit 1988 Ordinarius für Philosophie an der Otto-Friedrich-Universität Bamberg.
1994 Fellow des Human Sciences Research Councils of South Africa; 1995 Fellow der SEL-Stiftung in Stuttgart.